Les Grandes Théories économiques

pour les nuls

en 50 notions clés

Les Grandes Théories économiques

pour les nuls

en 50 notions clés

Michel Musolino

F1RST
ÉDITIONS

Les Grandes Théories économiques pour les Nuls en 50 notions clés
Pour les Nuls est une marque déposée de John Wiley & Sons, Inc.
For Dummies est une marque déposée de John Wiley & Sons, Inc.

ISBN : 978-2-412-04786-6
Dépôt légal : mars 2020

Imprimé en France par Laballery - 58500 Clamecy - 002164

Correction : Nathalie Reyss
Couverture : Soft Office
Mise en page : Soft Office

Éditions First, un département d'Édi8
92, avenue de France
75013 Paris – France
Tél. : 01 44 16 09 00
Fax : 01 44 16 09 01
Courriel : firstinfo@efirst.com
Site Internet : www.pourlesnuls.fr

Sommaire

INTRODUCTION ... 1
THÉORIE DE L'AGENCE ... 3
THÉORIE DES ANTICIPATIONS RATIONNELLES ... 7
ASYMÉTRIE DE L'INFORMATION ... 11
THÉORIE DES AVANTAGES ABSOLUS ET COMPARATIFS ... 17
ÉCONOMIE DU BIEN-ÊTRE ... 23
TRAGÉDIE DES BIENS COMMUNS ... 29
THÉORIE DU CAPITAL HUMAIN ... 35
THÉORIE DU CHAOS ... 41
THÉORIES DU CHÔMAGE ... 47
THÉORIES DU COMMERCE INTERNATIONAL ... 53
THÉORIE DE LA CONCURRENCE PURE ET PARFAITE ... 57
THÉORIE DES COÛTS DE TRANSACTION ... 63
THÉORIES DE LA CROISSANCE ... 67
THÉORIE DE LA CROISSANCE ENDOGÈNE ... 73
THÉORIE DES CYCLES ... 79
LOI DES DÉBOUCHÉS ... 85
THÉORIE DE LA *DEBT DEFLATION* ... 89
THÉORIE DE LA DESTRUCTION CRÉATRICE ... 93
THÉORIE DU DÉVERSEMENT ... 99
THÉORIE DE L'ÉCHANGE INÉGAL ... 105
ÉCONOMIE COMPORTEMENTALE ... 109
LE PROBLÈME DU *FREE RIDER* ... 113
THÉORÈME HOS ... 119
THÉORIES DE L'INFLATION ... 125
THÉORIE DE L'INNOVATION ... 131
HYPOTHÈSE D'INSTABILITÉ FINANCIÈRE ... 137

INSTITUTIONNALISME ... 141
THÉORIE DES JEUX ... 147
LE MODÈLE IS-LM ... 153
THÉORIE KEYNÉSIENNE ... 159
COURBE DE LAFFER ... 165
LIBÉRALISME ... 171
THÉORIE MALTHUSIENNE ... 177
THÉORIE DES MARCHÉS EFFICIENTS ... 183
THÉORIE MARGINALISTE ... 187
THÉORIE MARXISTE ... 193
LE MERCANTILISME ... 199
THÉORIE DU MULTIPLICATEUR ... 203
NOUVELLE ÉCONOMIE CLASSIQUE (NEC) ... 207
THÉORIE DU *NUDGE* ... 211
LOI DE L'OFFRE ET DE LA DEMANDE ... 215
L'ÉCONOMIE DE PÉNURIE ... 221
COURBE DE PHILLIPS ... 227
LES PHYSIOCRATES ... 233
THÉORIE QUANTITATIVE DE LA MONNAIE ... 239
THÉORIE DE LA RÉGULATION ... 245
THÉORIE DU RUISSELLEMENT ... 251
THÉORIES DU SURINVESTISSEMENT ... 255
THÉORIE DE LA VALEUR ... 261
THÉORIE DE LA ZONE MONÉTAIRE OPTIMALE ... 267

Introduction

L'économie est omniprésente dans nos sociétés.

L'information économique foisonne, mais elle laisse souvent ceux qui y sont confrontés, pantois et désorientés.

Ce foisonnement prend souvent la forme de théories et théorèmes, de lois, réelles ou prétendues telles, de courbes plus ou moins définitives qui créent souvent plus de confusion qu'elles ne fournissent d'aide. Pourtant, ce sont ces lois et ces théories qui gouvernent notre monde.

Ce petit ouvrage a pour ambition de permettre à chacun de pénétrer dans l'univers passionnant des théories économiques. Il s'agit de rendre cet univers accessible autant aux étudiants et lycéens qu'à toute personne curieuse de comprendre les mécanismes et les idées qui animent l'économie. Bien entendu, le format limité de cet ouvrage nous a obligé à faire un choix. Il s'est porté sur les théories les plus utilisées et les plus récentes car ce livre a une autre ambition : montrer comment la réflexion économique évolue et comment elle se bonifie de décennie en décennie. La particularité – et le charme – des théories économiques c'est que, contrairement aux lois et théories des sciences « dures » (mathématiques, physique, chimie), elles sont âprement débattues. La théorie économique avance à coups de controverses. Une loi affirme quelque chose, une autre prouve le contraire ; les confrontations sont stimulantes. L'économie est un sport de combat.

Comment ce livre est organisé

Les théories sont présentées suivant l'ordre alphabétique, avec une précaution : si l'on cherche *la théorie de l'agence*, il faudra aller à *Agence* et non à *théorie* et si on cherche la *courbe de Phillips*, il faudra aller à *Phillips* et non à *courbe*.

Des renvois (→) présents à la fin de certaines notions permettent de faire le lien entre une théorie et une autre. Il est ainsi possible de lire l'ouvrage en suivant les pistes des approfondissements et des controverses suscitées par les différentes idées.

Les icônes utilisées dans ce livre

Pour faciliter la lecture et stimuler votre attention, des icônes accompagnent le texte :

Objet de débat

Cette icône indique les débats et controverses qui agitent la pensée économique. Ils sont essentiels pour comprendre cette discipline vivante qu'est l'économie et se faire sa propre opinion.

Un peu de technique

L'économie est accessible à tous, mais demande parfois un petit effort. Cette icône signale les mécanismes et les analyses plus délicats ou plus complexes.

N'oubliez pas

Cette icône indique les points essentiels, les principes clés, les éléments incontournables de la culture économique.

1

THÉORIE DE L'AGENCE

La théorie de l'agence a été initiée par l'article de **Michael Jensen** et **William Meckling**, (*Theory of the Firm : Managerial Behavior, Agency Costs and Capital Structure*, 1976). Par la suite, elle a été intégrée dans de nombreux domaines de la réflexion économique.

N'oubliez pas

La science économique traditionnelle considérait l'entreprise comme un acteur unique ayant un but unique : la maximisation du profit. La réalité est plus complexe car l'entreprise est composée d'acteurs n'ayant pas forcément un but commun (détenteurs du capital, gestionnaires, employés). Dans son ouvrage *Recherches sur la nature et les causes de la richesse des nations*, Adam Smith notait déjà en 1776 : « Les directeurs de ces sortes de compagnies (les sociétés par actions) étant les régisseurs de l'argent d'autrui plutôt que de leur propre argent, on ne peut guère s'attendre à ce qu'ils y apportent cette vigilance exacte et soucieuse que des associés apportent souvent dans le maniement de leurs fonds. »

Le principal et l'agent

On parle de relation d'agence dès lors que le principal (donneur d'ordre) délègue à un agent (exécutant) la réalisation d'une tâche et une part de son pouvoir de décision. Des relations d'agence existent dans de nombreux rapports économiques : entre actionnaires et gestionnaires, mais également entre employeur et employé, Sécurité sociale et médecin, assureur et assuré, etc. Une relation d'agence est caractérisée par :

- Une asymétrie de l'information. Le principal et l'agent ne disposent pas des mêmes informations. Leur relation peut être pervertie. L'asymétrie de l'information peut aboutir à ce que l'on appelle la sélection adverse (ou antisélection).
- Une incertitude sur l'attribution des résultats.
- Une disparité des rôles. Le principal confie une mission à l'agent, mais celui-ci peut avoir une plus ou moins grande latitude pour la remplir.

» Dans la gestion des entreprises, cela peut amplifier une vision privilégiant le court terme, avec la fixation d'objectifs trimestriels par exemple.

La théorie de l'agence souligne que la mise en œuvre des trois fonctions présentes dans l'entreprise (décision, contrôle, risque) sous-entend l'existence de coûts d'agence que les différents acteurs doivent supporter (monitoring, surveillance, incitation). Ces coûts modifient les calculs de rentabilité des entreprises au point d'en modifier le comportement.

Son impact

La théorie de l'agence a passablement bouleversé la réflexion économique puisqu'elle oblige à revoir les données de base du choix et de la rationalité économique. Elle a eu également d'importantes conséquences concrètes : la théorie a joué un grand rôle dans la financiarisation de l'économie. Notamment par le développement du système des *stock-options* visant à rendre les gestionnaires solidaires des actionnaires.

Théorie de l'agence

L'essentiel en 5 secondes

» La théorie de l'agence montre que les rapports entre donneurs d'ordre et exécutants sont brouillés par le fait qu'ils ne disposent pas de la même information.

» La gestion de ces rapports entraîne des coûts et peut fausser le calcul économique.

» Cette analyse est la base de la création de *stock-options*, de système de bonus/malus ou de protocoles de soins pour les médecins.

Voir aussi :

→ Asymétrie de l'information

2
THÉORIE DES ANTICIPATIONS RATIONNELLES

La prévision de l'avenir est une des principales modalités de l'action économique. Chefs d'entreprise, consommateurs et épargnants ne peuvent agir qu'en fonction de leur anticipation de l'avenir. Cela est encore plus vrai pour les gouvernements (« gouverner, c'est prévoir »).

Pourtant, jusqu'à **John Maynard Keynes**, les anticipations n'ont pas été prises en compte de manière centrale par les économistes.

La demande effective

Keynes les introduit avec le concept de demande effective, qui signifie en réalité « demande anticipée ». En appliquant ce concept au marché du travail, Keynes bouleverse complètement la théorie économique. Selon les classiques, l'emploi dépend du niveau des salaires, les entreprises embauchant plus lorsque les salaires sont bas. Keynes montre qu'un niveau bas de salaires ne suffit pas à provoquer l'embauche ; celle-ci dépend des prévisions des entreprises sur leurs ventes futures. Or, celles-ci seront d'autant plus faibles que les salaires sont bas.

Les anticipations des entrepreneurs sont-elles « rationnelles » ? Keynes en doute fortement. S'agissant de l'investissement, il souligne le rôle des « esprits animaux » (*animal spirit*) et du « tempérament sanguin » des entrepreneurs qui prend le dessus sur le calcul : « Le calcul exact des bénéfices escomptés joue un rôle à peine plus grand que dans une expédition au pôle Sud. »

Les anticipations adaptatives

Depuis les années 1960, le concept d'anticipation a été repris par les libéraux qui en ont fait une véritable machine de guerre contre le keynésianisme.

Objet de débat

Selon Milton Friedman, les agents économiques sont capables d'intégrer progressivement l'évolution à venir des prix et des salaires (anticipations adaptatives) ; ils ne sont donc pas dupes de l'augmentation des salaires qu'ils pondèrent par la hausse des prix. Ainsi Friedman démonte le schéma keynésien de la courbe de Phillips.

Les disciples de Friedman, de **John Muth** à **Robert Lucas** (prix Nobel 1995), sont allés beaucoup plus loin. Ils ont bâti des modèles mathématiques complexes fondés sur l'hypothèse que les gens, utilisant l'information disponible, font de l'avenir des anticipations que l'on peut considérer comme rationnelles. Les cas où les gens se trompent sont considérés une exception. Dans ces conditions, Robert Lucas et Robert Barro affirment que les agents économiques ajustent immédiatement leurs comportements aux politiques économiques (monétaires et budgétaires), en anticipant leur impact sur les variations des prix ou des impôts.

Ces approches aboutissent à la négation pure et simple de la totalité de la macro-économie keynésienne, notamment celle basée sur les courbes IS-LM et le pilotage de l'économie par l'État. Leur conclusion est, pour le moins, radicale : c'est toute la politique économique qui est déclarée inutile. Elle est en effet inefficace puisque les « anticipations rationnelles » la neutralisent automatiquement.

Les théoriciens libéraux ont appliqué les anticipations rationnelles au domaine de la finance : c'est la théorie dite des « bulles rationnelles ». On a voulu prouver par elle que le marché est efficient. On a essayé de coincer dans des fonctions mathématiques une bulle qui est, par définition, insaisissable comme l'ont prouvé par la suite les travaux de **Hyman Minsky** et **Robert Shiller**.

Théorie des anticipations rationnelles

L'essentiel en 5 secondes

» En économie, les anticipations sont un levier d'action fondamental.

» La théorie des anticipations rationnelles fait la part belle à l'individu rationnel.

» Cette théorie aboutit à la négation de l'efficacité des politiques économiques de l'État.

Voir aussi :

→ Hypothèse d'instabilité financière

→ Libéralisme

→ Théorie des marchés efficients

3
ASYMÉTRIE DE L'INFORMATION

La théorie économique néoclassique est fondée sur le dogme de *marchés transparents*. Elle considère que, sur le marché, l'information est accessible à tous et gratuitement.

Des marchés transparents ?

George Akerlof a montré que cette hypothèse est très irréaliste et qu'il existe souvent des situations d'asymétrie d'information. On a asymétrie lorsque deux participants à un échange ne disposent pas de la même information.

Dans un article pionnier de 1970 (*The Market for Lemons*), Akerlof montre que, sur le marché des voitures d'occasion, il existe une asymétrie d'information entre le vendeur et l'acheteur. Le vendeur connaît les caractéristiques de sa voiture, notamment ses défauts. L'acheteur dispose de beaucoup moins d'informations et voudra pondérer le risque que cela comporte par un prix d'achat très bas. Mais à ce prix-là, les propriétaires de voitures en bon état refusent de vendre et sortent du marché. En définitive, seuls les propriétaires de voitures de mauvaise qualité restent sur le marché, connaissant les défauts de leur voiture. Les acheteurs potentiels, sachant cela, se retirent du marché : la demande baisse, les prix baissent, aggravant le phénomène. Le marché devient étroit et l'asymétrie de l'information l'empêche de fonctionner de manière efficiente.

Joseph Stiglitz a montré qu'une compagnie d'assurances qui accepte des clients à risques verra ses bons clients la quitter, constatant que des clients présentant plus de risques paient la même prime qu'eux. À terme, la compagnie n'aura plus que de « mauvais » clients et ses primes ne pourront qu'augmenter. Le même phénomène peut se produire pour une banque. Lors de l'attribution d'un prêt, le banquier est en situation d'asymétrie d'information : il ne connaît pas aussi bien que son client sa situation réelle.

Ainsi, ne pouvant pas ajuster le taux d'intérêt à la situation de chaque emprunteur, il va demander un « taux moyen » à l'ensemble de sa clientèle.

Antisélection et aléa moral

L'antisélection

On parle d'antisélection, ou de sélection adverse, quand l'information est asymétrique ; le marché n'est plus en capacité de donner sa juste sanction. Au lieu de sélectionner les meilleurs agents et les meilleurs prix, il sélectionne les plus mauvais. Un avocat, confronté à un client ignare, peut le convaincre que son affaire est délicate et qu'il faudra prévoir des honoraires conséquents. Du point de vue économique, cette transaction est inique et inefficace, puisque l'avocat ne sera pas payé à son juste prix. Dans le cas de la banque, les emprunteurs présentant de solides garanties refusent le taux de la banque qu'ils jugent trop élevé. Les débiteurs douteux en revanche se précipitent sur ce taux qui leur est favorable. Les mauvais emprunteurs chassent les bons. La Sécurité sociale peut être confrontée à des cas de « sélection adverse » : les patients ont le choix entre deux médecins. L'un est rigoureux et soucieux de ne pas abuser de la générosité de la « sécu ». L'autre est plus laxiste et enclin à faire plaisir à son « client » en prescrivant, par exemple des arrêts de travail généreux ou des antibiotiques. Les patients choisiront le second, c'est-à-dire celui qui est plus nuisible à la Sécurité sociale.

L'aléa moral

L'aléa moral (*moral hazard*) intervient lorsque l'asymétrie de l'information aboutit à des comportements irresponsables. Quelqu'un qui s'assure peut, justement parce qu'il est assuré, se comporter de manière déraisonnable. Un employé de banque qui sait que sa banque ne peut pas faire faillite peut accorder des crédits de manière imprudente.

La théorie de l'asymétrie de l'information a eu de nombreuses conséquences pratiques :

- création du système de bonus/malus pour les assurances ;
- création du contrôle technique pour les automobiles ;
- mise en place par la Sécurité sociale de protocoles de soins limitant les « largesses » des médecins ;
- création du système des *stock-options* pour les gestionnaires d'entreprises.

L'asymétrie de l'information pourrait bien ne pas être l'exception en économie, mais la règle. Il existe des coûts d'acquisition de l'information qui rendent le marché inopérant. Les agents économiques qui ont un avantage informationnel jouissent d'une rente de situation et faussent le jeu du marché. Pour régler ces problèmes, le travail des économistes montre que l'intérêt individuel est souvent incompatible avec l'intérêt général et que la « main invisible » a besoin d'un sérieux coup de main.

Asymétrie de l'information

L'essentiel en 5 secondes

- » L'information dont disposent les agents est différente. Les marchés ne sont pas « transparents ».
- » L'asymétrie de l'information peut provoquer le fonctionnement aberrant du marché.
- » Des normes et des règles ont été mises en place pour limiter les dégâts.

Voir aussi :

→ Théorie des jeux

→ Théorie de l'agence

4

THÉORIE DES AVANTAGES ABSOLUS ET COMPARATIFS

La théorie des avantages absolus d'**Adam Smith** et la théorie des avantages comparatifs (ou relatifs) de **David Ricardo** sont les piliers du libre-échange. Elles affirment que tout pays a avantage à se spécialiser dans certaines productions et en importer d'autres selon le principe incontournable « il vaut mieux produire ce qui est moins cher à produire qu'à acheter, et acheter ce qui est moins cher à acheter qu'à produire ».

Les avantages absolus

Les *Recherches sur la nature et les causes de la richesse des nations* d'Adam Smith (1776) est l'ouvrage fondateur de la théorie économique moderne. C'est un éloge de la spécialisation sous tous ses aspects. Smith prouve que deux pays n'ayant pas la même efficacité dans la production de deux biens doivent se spécialiser dans la production dans laquelle ils sont plus efficaces et abandonner l'autre.

Imaginons la situation suivante : le pays A utilise 100 unités de facteurs de production (capital et travail : K et L) pour produire le bien X et 80 pour le produit Y ; le pays B utilise 80 unités de facteurs pour produire X et 100 pour produire Y.

	Produit X (10 unités)	**Produit Y (10 unités)**	**Total produits**
Pays A	100 K/L	80 K/L	180 facteurs/ 20 produits
Pays B	80 K/L	100 K/L	180 facteurs/ 20 produits
Total facteurs	180 K/L	180 K/L	360 facteurs/ 40 produits

Le pays A a un avantage absolu dans la production du bien Y, le pays B a un avantage absolu dans la production de X. Si chaque pays se spécialise dans la production où il a un avantage absolu, il en résulte une amélioration de la situation de chacun : en utilisant la même quantité de facteurs, la quantité de biens obtenue sera supérieure.

Au niveau global, la spécialisation permet une utilisation plus efficace des ressources et d'atteindre l'optimum économique. Après spécialisation, la situation est la suivante :

	Produit X	Produit Y	Total produits
Pays A	-	180 K/L	180 facteurs/ 22,5 produits
Pays B	180 K/L	-	180 facteurs/ 22,5 produits
Total facteurs	180 K/L	180 K/L	360 facteurs/ 45 produits

Les avantages comparatifs

Dans son ouvrage, *Principes de l'économie politique et de l'impôt* (1817), David Ricardo a montré que la spécialisation et l'échange sont profitables même si les pays n'ont pas d'avantages absolus ou s'ils en ont plusieurs. Le cas célèbre donné en exemple par Ricardo est celui des échanges entre Portugal et Angleterre. Le Portugal est plus efficace que l'Angleterre dans les deux productions prises en compte, le textile et le vin.

	Drap (10 unités)	Vin (10 unités)	Total produits
Angleterre	100 K/L	120 K/L	220 facteurs/ 20 produits
Portugal	90 K/L	80 K/L	170 facteurs/ 20 produits
Total facteurs	190 K/L	200 K/L	390 facteurs/ 40 produits

Même dans ce cas-là, la spécialisation est profitable. Le Portugal doit se spécialiser dans la production pour laquelle son avantage relatif est plus grand (vin : 80/120, drap 90/100).

L'Angleterre doit se spécialiser dans la production pour laquelle son désavantage est le moins grand.

Après spécialisation, voilà la situation :

	Drap	**Vin**	**Total produits**
Angleterre	220 K/L	–	220 facteurs/ 22 produits
Portugal	–	170 K/L	170 facteurs/ 21,25 produits
Total facteurs	220 K/L	170 K/L	390 facteurs/ 43,25 produits

Les deux pays bénéficient donc de la spécialisation comme dans le cas des avantages absolus.

Paul Samuelson a donné un autre exemple pour illustrer ce principe : « Je tape à la machine mieux que n'importe quelle secrétaire. Cependant j'en ai une parce que cela me permet de consacrer tout mon temps à mes travaux d'économiste. »

Théorie des avantages absolus et comparatifs

L'essentiel en 5 secondes

» Chaque pays doit se spécialiser dans ce qu'il fait le mieux.

» Si un pays est meilleur dans plusieurs domaines, il a intérêt à se spécialiser dans le domaine où son avantage est le plus grand.

» La spécialisation est également bénéfique aux partenaires commerciaux (avantages réciproques) et elle permet la meilleure utilisation possible des ressources au niveau planétaire.

Voir aussi :

→ Théories du commerce international

5
ÉCONOMIE DU BIEN-ÊTRE

Au XIXe siècle, des économistes comme John Stuart Mill et Léon Walras s'étaient posé la question de la répartition de la richesse et en étaient arrivés à la conclusion que celle-ci pouvait se faire sans nuire à l'efficacité économique.

Arthur Cecil Pigou (1877-1959) prolonge ces analyses et construit ce que l'on appellera l'économie du bien-être (*The Economics of Welfare*, 1920) dont la préoccupation essentielle est d'étudier les modalités par lesquelles on peut assurer le maximum de satisfaction aux individus qui composent la société. Dans cette optique, Pigou introduit un nouveau rôle pour l'État dans deux domaines.

La répartition

Si l'État opère une répartition des revenus des plus riches aux plus pauvres, il fait non seulement œuvre de justice, mais il améliore également le niveau de l'optimum social. En effet, la répartition n'est pas une opération à somme nulle en termes de bien-être social. Une somme d'argent enlevée à un « riche » et donnée à un « pauvre » n'est pas porteuse de la même satisfaction. Le riche sera privé d'un repas dans un restaurant chic, le pauvre aura de quoi manger pendant quelques semaines. Cela est dû au fait que les sommes transférées n'impactent pas de la même manière les courbes de satisfaction. Le pauvre profitera avec une plus grande utilité que celle à laquelle le riche devra renoncer. Pigou contredit ainsi le concept d'optimum défini par Pareto comme le point où « on ne peut augmenter la satisfaction d'un individu qu'en diminuant celle d'un autre ».

Les externalités

Une « externalité » est l'impact, la conséquence, la retombée d'une action économique, qui n'est pas prise en compte par le marché. Il existe des externalités positives (synergies) et négatives (pollution).

Pigou préconise que l'État pénalise les unes en les taxant et favorise les autres en les subventionnant.

Objet de débat

Kenneth Arrow critique durement l'économie du bien-être de Pigou. Son théorème d'impossibilité affirme qu'il est impossible d'opérer un choix social optimal qui tienne compte des préférences individuelles. Si on laisse agir le marché, on atteint un optimum. Mais – 1er théorème – cet optimum n'est pas forcément satisfaisant en termes d'équité.

Le 2e théorème affirme que, dans un système de marché, n'importe quelle dotation de propriété initiale permet d'atteindre l'optimum. Cela signifie que l'État peut modifier la répartition initiale des ressources mais il doit, par la suite, laisser les acteurs économiques agir librement.

Le prix Nobel 1998 **Amartya Sen** démontre dans *Collective Choice and Social Welfare* (1970), qu'on ne peut pas atteindre l'optimum général en respectant totalement la liberté des individus. L'intérêt général doit prendre en compte des considérations éthiques qui peuvent être contradictoires avec les préférences individuelles.

Sen introduit l'idée de « capabilités ». La société doit assurer à chacun non un revenu identique mais un revenu qui permet à chaque individu d'avoir la même utilité qu'un autre. C'est l'axiome d'équité faible. La pauvreté ne doit pas seulement être considérée comme un manque de revenus, mais comme un manque de « capabilités », c'est-à-dire de possibilités de réaliser la vie que l'on désire mener. Le droit de vote, c'est bien à condition de pouvoir l'exercer. Pouvoir se déplacer, savoir lire, écrire et comprendre. Pour qu'un handicapé puisse se rendre quelque part, il ne suffit pas qu'il ait les moyens de s'acheter un ticket de métro.

Les travaux de Sen ont amené à l'utilisation de l'IDH (indice de développement humain) qui prend en compte trois « capabilités » fondamentales : le revenu, mais également l'éducation et la santé (mesurée en espérance de vie).

Économie du bien-être

L'essentiel en 5 secondes

- » L'économie du bien-être étudie les moyens de donner à toute la population des conditions de vie dignes.
- » L'intérêt général et les intérêts particuliers peuvent être contradictoires.
- » L'État doit trancher et œuvrer pour l'intérêt collectif.

6
TRAGÉDIE DES BIENS COMMUNS

Les « biens communs » sont des biens dont l'utilisation et la jouissance sont accessibles à tous, car ces biens ne sont pas limités par la propriété privée. **Garrett Hardin** a démontré (1968) que ces biens sont susceptibles de connaître une « tragédie » (*Tragedy of Commons*) : leur épuisement. Hardin a illustré son propos par l'exemple de champs où des éleveurs peuvent faire paître gratuitement leurs bêtes. La seule limite à l'utilisation des champs est l'utilisation par autrui. Chaque éleveur a donc intérêt à y amener autant d'animaux que possible, mais cela entraîne une conséquence inévitable : la transformation du champ en une terre surexploitée où plus rien ne pousse.

Trois solutions

Objet de débat

Cette « tragédie » menace inévitablement tous les biens communs : des ressources de la mer à l'air que nous respirons. C'est désormais un enjeu capital pour nos économies et nos sociétés. Dès lors se pose la question cruciale de la gestion de ces ressources. Les économistes ont proposé trois solutions.

La nationalisation ou la réglementation par l'État

Dans le prolongement des travaux de Cecil Pigou, on considère que l'État est seul capable de gérer les biens communs et les « externalités ». Il s'agit de mettre en place un système de taxation/subvention pénalisant les externalités négatives (pollution) ou récompensant les externalités positives.

La privatisation

Le théorème de Coase considère que l'attribution de droits de propriété aboutit toujours à une allocation optimale des ressources. **Ronald Coase** (prix Nobel 1991) a défendu cette idée dans un article célèbre de 1960 : « *The Problem of Social Cost* ».

Cette idée a abouti à la réalisation du marché des droits à polluer. Ses travaux ont été poursuivis par **Oliver Williamson** (prix Nobel 2009). Selon **Gérard Bramoullé**, c'est l'absence de propriété privée qui explique l'extermination des bisons aux États-Unis. « Pourquoi les bisons ont-ils disparu ? Parce qu'ils n'appartenaient à personne ! Les cow-boys n'ont jamais massacré leurs propres vaches. » Certains ont fait remarquer, malicieusement, que c'était peut-être pour la même raison que les Indiens avaient disparu, et pas les Noirs...

La gestion des ressources par les acteurs locaux

Le prix Nobel 2009, **Elinor Ostrom**, a longuement étudié le problème de la gestion des biens communs. Elle en a tiré l'enseignement que celle-ci peut être effectuée profitablement par les communautés vivant à proximité des ressources et les utilisant. Cette gestion peut s'effectuer selon des modalités différentes, mais prévoyant toujours des mécanismes de *monitoring* et de sanctions. Dans *Governing the Commons* (*La gouvernance des biens communs*), Ostrom définit les jeux polycentriques : les procédures de prise de décision à plusieurs niveaux qu'elle préconise. Il est à noter que les derniers travaux d'Ostrom portent sur deux questions devenues essentielles : le problème des changements climatiques et celui des « biens communs » numériques.

Jean Tirole et l'« économie du bien commun »

Un apport important à la théorie du « bien commun » est celui du prix Nobel 2014, **Jean Tirole**. Dans *Économie du bien commun* (2016), il constate que l'État, autrefois producteur de biens et services et pourvoyeur d'emplois, a vu son rôle profondément bouleversé. Il doit désormais intervenir comme régulateur et remédier aux défaillances du marché.

« Il prend toutes les responsabilités, là où les marchés sont défaillants, pour créer une vraie égalité des chances, une concurrence saine, un système financier ne dépendant pas des renflouements sur argent public, une responsabilisation des acteurs économiques vis-à-vis de l'environnement, une solidarité au niveau de la couverture santé, une protection des salariés peu informés. » La voie prioritaire d'intervention est la suivante : « La création d'autorités indépendantes constitue l'un des instruments qui permet à la démocratie de tempérer les excès de la tentation électoraliste et d'assurer l'indépendance de l'État dans la durée. »

Tragédie des biens communs

L'essentiel en 5 secondes

» Les biens communs sont menacés d'une tragédie : puisque personne ne les gère, ils risquent d'être dilapidés ou irrémédiablement perdus…

» Deux solutions sont envisagées : la nationalisation ou la privatisation.

» Une troisième voie est possible : celle de la gestion communautaire placée sous le contrôle de l'État si c'est nécessaire.

7

THÉORIE DU CAPITAL HUMAIN

La théorie du capital humain a été énoncée dès le début des années 1960 par **Theodore Schultz** et **Gary Becker** (prix Nobel 1992).

Elle considère que les individus disposent d'un « capital » (au même titre que les entreprises), alimenté par un investissement particulier : la formation. De la formation dépendent la « productivité » d'un individu et donc son revenu.

La formation est analysée dans le cadre de la théorie des choix intertemporels : les individus opèrent un arbitrage entre la « préférence pour le présent » et leurs revenus futurs. L'éducation est un véritable investissement mis en œuvre par les individus. Ils se livrent à un calcul où le coût de la formation, mesuré en argent mais aussi en temps perdu, en loisirs sacrifiés et en revenus non perçus, est comparé à ce qu'elle rapporte comme revenus futurs. Si le coût actualisé net de l'éducation est inférieur aux avantages qui en découlent, l'investissement est rentable. Ainsi, les différences de salaires ont une explication simple et rationnelle : ceux qui gagnent plus sont ceux qui ont le plus investi en « capital humain ».

Mais celui-ci ne comprend pas seulement la formation : en font partie également tous les éléments disparates qui rendent les individus productifs : état de santé, caractère, relations sociales, etc.

Richesse et ambiguïté d'un concept

Le concept de capital humain est riche et ambigu à la fois : il pose le problème de l'investissement dans la formation : si, pour l'individu, les choses semblent claires, elles le sont moins pour les entreprises ou l'État.

Les entreprises doivent-elles investir dans la formation des salariés sachant que le capital humain est « personnel » et que l'individu peut choisir de l'utiliser dans une autre entreprise ?

En effet, et contrairement aux autres formes de capital, le capital humain est personnel ; il n'est pas cessible car il est indissociable de son détenteur.

Pour l'État, le problème est différent : le capital humain étant de toute évidence un créateur d'externalités positives et de croissance endogène, comment l'État peut-il prendre en compte cet investissement ? Et surtout comment peut-on en mesurer les résultats ?

L'apport de la théorie du capital humain est original puisqu'elle fait de la formation un investissement comme un autre, mais générateur d'externalités positives dont tout le monde profite. Ceci explique que la formation soit prise en charge par la collectivité, ce qui n'incite pas les entreprises à l'effort de formation qu'elles devraient supporter.

Se pose alors le problème d'un niveau de formation optimal qui serait efficient pour la collectivité. Et de son mode de financement.

Économie de la famille

Gary Becker s'est focalisé sur l'analyse de la famille et son apport à la formation du capital humain (*A Treatise on the Family*, 1981). Toutes les fonctions de la famille (mariage, divorce, fécondité) sont analysées à travers le prisme du choix rationnel et du calcul des gains et des coûts. Becker explique ainsi que le divorce est moins fréquent dans les couples aisés tout simplement parce qu'il coûte plus cher. De même, le niveau des salaires des femmes étant plus bas à cause d'un moindre investissement en formation... elles peuvent préférer investir dans le mariage (!). La baisse de la natalité est expliquée par le coût croissant de l'éducation et par les choix des femmes qui se porte sur le travail et donc l'investissement dans les études et la formation.

Selon Becker, l'éducation des enfants répond également à un calcul économique : les parents « investissent » dans leurs enfants pour avoir une sorte d'« assurance-retraite », le rendement de cet investissement serait supérieur à ceux des placements retraite habituels. Le risque de voir les enfants refuser de prendre soin des parents est contré par ceux-ci par le déploiement de toutes sortes d'armes psychologiques pour s'assurer que les enfants ne feront pas faux bond (inculcation de l'amour filial et du sens du devoir).

Becker est allé jusqu'à voir dans la Sécurité sociale un ennemi de la famille, puisqu'elle pourrait inciter les parents à ne pas « investir » dans leurs enfants.

Les analyses et les conclusions de Gary Becker ont été souvent critiquées parce qu'elles réduisent l'homme, et les relations familiales, à un simple calcul rationnel d'êtres égoïstes, en ignorant toute considération de nature sociologique, religieuse ou culturelle.

Théorie du capital humain

L'essentiel en 5 secondes

- La théorie du capital humain considère que toute la vie des individus est dictée par des choix rationnels.
- L'éducation est au cœur de ces choix et détermine aussi bien le niveau des salaires que la natalité.
- La théorie du capital humain oublie peut-être l'essentiel : l'humain.

Voir aussi :

→ Croissance endogène

8
THÉORIE DU CHAOS

La théorie économique, aussi sophistiquée soit-elle, bute inévitablement sur une part d'inexplicable lorsqu'elle est confrontée à la réalité des faits (composante « aléatoire » de l'évolution économique).

C'est le mathématicien **Henri Poincaré** (1854-1912) qui, à la fin du XIXe siècle, a le premier montré qu'il existait des systèmes d'équations n'ayant pas de solutions stables, mais une infinité de solutions. Il jette les bases des mathématiques « stochastiques » qui s'intéressent donc aux phénomènes aléatoires.

Les théoriciens de l'économie ont essayé d'intégrer le « hasard » dans leurs modèles en utilisant les outils stochastiques des sciences dures (mathématiques, physique, thermodynamique, météorologie). L'objet de l'investigation est de savoir si le « chaos » a des lois qui, une fois dévoilées, permettraient de le maîtriser, ne serait-ce que partiellement, et ainsi d'atténuer l'imprévisible.

Les lois du hasard

» L'effet papillon. C'est Edward Lorenz (1917-2008) qui a découvert l'effet papillon. « Un battement d'ailes d'un papillon en Amazonie peut provoquer une tornade au Texas. » En réalité, Lorenz a constaté qu'une infime modification des données dans un système d'équations (en changeant par exemple le septième chiffre après la virgule) peut totalement bouleverser le résultat. Le nom « effet papillon » vient de la forme que prend l'équation, elle ressemble vaguement à un papillon.

» La bifurcation. Au cœur de la mécanique stochastique on trouve la « bifurcation » : c'est le moment où un système change brutalement d'état : une économie passe d'une situation stable à une situation chaotique (crise boursière, monétaire). Bien entendu, ce moment est imprévisible.

- Les attracteurs étranges. Un « attracteur » en économie est un point, une droite, une valeur, autour desquels les phénomènes viennent se stabiliser. Les fluctuations économiques, les prix, le cours des monnaies peuvent suivre cette logique. Un attracteur étrange a la même logique, mais il est imprévisible. Il existe toutefois une possibilité de le faire car les bifurcations et les attracteurs étranges donnent naissance à un outil qui a l'avantage d'être concrètement utilisable : les fractales.
- Les fractales. Une fractale est une fonction stochastique présentant une autosimilarité, c'est-à-dire qu'elle est composée de parties qui ressemblent à son tout. Comme un chou-fleur : chaque branche de chou-fleur ressemble au chou-fleur. Les opérateurs financiers ont très tôt compris l'utilité des fractales : si un fragment d'une courbe retraçant l'évolution du cours d'une action à la Bourse donne l'allure générale de la courbe, on a là un outil de prévision tout à fait intéressant.

Les utilisations

Bien que les controverses dans ce domaine soient violentes, l'approche stochastique est de plus en plus utilisée en économie. À la Bourse, les fractales font déjà partie des outils des analystes de même que la célèbre formule *Black-Scholes* (1973) permettant de calculer le prix des produits dérivés. **Robert Merton** et **Myron Scholes** ont reçu le prix Nobel en 1997, **Fischer Black**, décédé en 1995, a été cité comme contributeur. La formule et son utilisation ont été durement critiquées par le mathématicien Benoît Mandelbrot car elles sous-estiment très fortement les événements « improbables » et Mandelbrot les considère totalement déconnectées de la réalité des marchés financiers.

En ce qui concerne la théorie économique, le chaos est à la base de la théorie des cycles réels (TCR) développée par les néolibéraux américains, qui considèrent que les cycles économiques ne sont pas le résultat de dysfonctionnements économiques, mais le cheminement « normal » de l'économie, impulsé par cette mécanique stochastique. Soit une raison de plus d'inviter l'État à ne rien faire. Le hasard fait bien les choses.

Dans la finance, les fruits du hasard ont été bien vénéneux : les banques et les traders ont abondamment utilisé les mathématiques stochastiques pour construire et gérer des produits financiers sophistiqués (CDO) qui étaient censés annuler les risques. On sait comment cela s'est terminé.

LE CYGNE NOIR

Nassim Nicholas Taleb a consacré deux livres (*Le hasard sauvage* et *Le Cygne noir*, vendu à 500 000 exemplaires) au hasard et à son aspect irréductiblement imprévisible. Tous les efforts des « experts » sont vains : les « cygnes noirs » sont imprévisibles, qu'ils soient positifs (Internet) ou négatifs (le 11 septembre, les crises financières...). Il reprend l'exemple donné par Bertrand Russell d'une dinde que l'on engraisse : elle croit que son destin est d'être nourrie tous les jours jusqu'à sa mort. Inévitablement, sans qu'elle puisse le prévoir, elle sera mangée pour Noël.

Théorie du chaos

L'essentiel en 5 secondes

- La théorie du chaos essaie d'explorer et de maîtriser le hasard.
- Des résultats intéressants ont été obtenus et des applications concrètes ont été opérées.
- Mais le hasard est coriace…

9
THÉORIES DU CHÔMAGE

Depuis un siècle, les théories du chômage sont animées par un affrontement entre libéraux et keynésiens. Selon les périodes, l'une des théories s'est imposée à l'autre : entre la grande crise de 1929 et celle de 1973, le keynésianisme a triomphé. Depuis les années 1980, les théories libérales dominent le débat.

Le choc libéraux / keynésiens

Jusqu'à la crise de 1929, le credo libéral considérait le marché du travail comme un marché comme les autres. Si les salaires pouvaient varier librement, notamment à la baisse, et s'il n'y avait pas de systèmes d'allocations chômage, le marché ne pouvait que tendre automatiquement à l'équilibre, c'est-à-dire au plein-emploi. S'il y avait chômage, il ne pouvait être que volontaire.

La crise de 1929 a montré que c'était faux. Keynes a bouleversé la vision du chômage : le problème ne se règle pas sur le marché du travail par la baisse des salaires, mais au niveau global par une demande importante de biens et services. Les entreprises n'embauchent pas pour des salaires bas, mais parce qu'elles ont une demande à satisfaire. La recette keynésienne est simple : il ne faut pas que les salaires baissent, d'où la création de salaires minimums (SMIC) et d'allocations chômage qui permettent aux chômeurs de continuer à consommer.

Dans les années 1970, les recettes keynésiennes ont montré leurs limites et Milton Friedman a littéralement massacré le keynésianisme notamment en démontant la fameuse courbe de Phillips. Depuis, bien que des éléments keynésiens soient toujours présents dans nos pays (SMIC, allocations), la philosophie libérale domine les politiques de l'emploi (flexibilité, mobilité).

Nouvelles pistes

Depuis les années 1970, de nouvelles pistes ont été suivies.

Deux régimes de chômage

Edmond Malinvaud a essayé de rompre avec le dilemme de l'opposition libéraux/keynésiens. En partant de l'idée qu'il existe des rigidités des prix, il en arrive à distinguer deux régimes de chômage.

- Le chômage « keynésien » se produit lorsque la demande sur le marché des biens et services est limitée. Les entreprises pourraient produire plus, mais elles sont « rationnées » par une demande insuffisante. L'emploi est donc faible et il y a du chômage.
- Le chômage « classique » survient lorsque les prix (des biens et services) sont insuffisants et compromettent les bénéfices. Les entreprises embauchent insuffisamment et entraînent du chômage.

Ces deux régimes sous-entendent des thérapies différentes : en cas de chômage keynésien, il faut augmenter les salaires pour relancer la demande, la consommation, la production et l'embauche. Dans le cas d'un chômage « classique », il faut au contraire limiter les salaires pour restaurer les bénéfices et relancer la production. Le bon diagnostic est donc essentiel. Si l'on se trompe, au lieu de réduire le chômage, on l'augmente.

La loi d'Okun

Elle établit une relation entre le taux de croissance du PIB et la variation du taux de chômage. Il en résulte ce qui semble être à première vue une évidence : le chômage ne peut baisser que s'il y a croissance, donc augmentation de l'activité. Toutefois, les problèmes ne manquent pas.

D'abord, quel est le taux de croissance à partir duquel le chômage diminue ? On a entendu affirmer, en ce qui concerne la France, que ce taux est de l'ordre de 1,5 %. Il est évident qu'il change selon les pays.

Le modèle insiders/outsiders

Énoncée dans les années 1980 par Assar Lindbeck et Dennis J. Snower, la théorie insiders/outsiders considère que le chômage est dû à la dualité du marché du travail. Celui-ci comporte deux situations diamétralement opposées : les *insiders* jouissent de conditions favorables (CDI, salaires relativement élevés, bonnes conditions de travail). Les *outsiders* sont soumis à la précarité (CDD, stages, temps partiels) et à de faibles salaires. Le chômage touche essentiellement ces derniers. Ce phénomène est aggravé, selon les économistes libéraux, par le SMIC et les charges sociales qui empêchent les salaires de baisser.

Salaire d'efficience

De nombreux économistes ont mis en avant le rôle du salaire d'efficience dans l'explication du chômage. L'idée est que les entreprises pratiquent des salaires supérieurs à ceux qui égaliseraient l'offre et la demande de travail. Pour plusieurs raisons : un salaire plus élevé serait un gage de meilleure productivité (Harvey Leibenstein, Janet Yellen). Joseph Stiglitz considère que le salaire d'efficience est versé par les entreprises pour éviter les coûts engendrés par le *turn-over* (embauche, licenciement) et le risque inhérent à toute nouvelle embauche (aléa moral).

La théorie des contrats implicites (émise par Costas Azariadis) va dans le même sens. Elle explique le maintien de salaires élevés, supérieurs au salaire d'équilibre par une sorte de pacte passé entre l'employeur et le salarié : un contrat implicite qui a pour but de limiter l'incertitude pour les deux parties.

La fin du travail ?

L'approche de **Jeremy Rifkin** est plus radicale (*La fin du travail*, 1995). Selon l'essayiste américain, le chômage est le symptôme non d'une quelconque crise, mais de la réussite de l'économie. Depuis toujours, l'homme travaille, non pour le plaisir, mais pour satisfaire ses besoins en travaillant le moins possible. Les innovations techniques (automatisation, robotisation) permettent désormais d'envisager une société libérée (en partie ou, à terme, totalement) du fameux impératif biblique « Tu gagneras ton pain à la sueur de ton front ».

Rifkin rejoint une anticipation de Keynes lui-même qui, dans *Lettre à nos petits-enfants* (1930), envisageait une société d'abondance et une réduction massive du temps de travail.

Théories du chômage

L'essentiel en 5 secondes

» Les analyses du chômage sont dominées par l'affrontement entre libéraux et keynésiens.

» Les uns veulent que le marché règle le problème, les autres pensent que l'État doit intervenir.

» Les théories se multiplient, y compris celles qui pensent qu'il est inutile de vouloir lutter contre le chômage.

Voir aussi :

→ Courbe de Phillips

10 THÉORIES DU COMMERCE INTERNATIONAL

Jusqu'au XVIIIe siècle, les théories du commerce international furent dominées par les théories mercantilistes : chaque État favorisait ses exportations et limitait les importations par tous les moyens, y compris les plus coercitifs. Du temps de Colbert, il était, par exemple, strictement interdit aux ouvriers qualifiés de quitter le pays.

Depuis le XIXe siècle, le libre-échange s'est imposé dans la théorie, et progressivement dans les faits.

Le modèle standard du libre-échange

La théorie du libre-échange s'articule sur trois piliers théoriques : la théorie des avantages absolus, la théorie des avantages relatifs et le théorème HOS. Ils aboutissent à la préconisation de la spécialisation des pays et du libre-échange généralisé.

Frédéric List, tout en étant convaincu de la pertinence du libre-échange, préconise l'établissement de barrières douanières pour les pays voulant faciliter le développement des industries nationales (protectionnisme éducateur). Plus tard, la même démarche temporaire sera préconisée, notamment par Nicholas Kaldor, pour les entreprises destinées à disparaître.

Critiques et développements

La particularité des théories libérales est qu'elles sont entièrement axées sur les conditions de l'offre.

Objet de débat

Dans la deuxième moitié du XXe siècle, ces théories ont été sévèrement critiquées par un constat : les échanges s'effectuent de plus en plus entre pays similaires et non entre pays différents comme cela était sous-entendu dans les théories traditionnelles. Ce phénomène est expliqué par :

» Le rôle de la demande (thèse de Staffar Burenstam Linder). Les flux commerciaux sont tirés par la demande et non poussés par les conditions de l'offre. Ainsi, bon nombre de pays acheteurs d'automobiles sont eux-mêmes producteurs d'automobiles. Ce qui joue dans ce cas c'est la demande de différence : en France ou aux États-Unis, on achète des voitures allemandes parce qu'elles sont allemandes (image de marque, statut social)...

» Le cycle de vie du produit et la remontée de la filière. Richard Vernon considère, quant à lui, que les conditions de l'échange ne sont pas immuables, elles dépendent du cycle de vie du produit. Selon l'âge du produit (nouveau, en voie de développement, mature, en déclin), les conditions de production et de consommation changent, tout comme les critères de compétitivité des pays. Un produit nouveau, innovant, a besoin de forts investissements en R & D et d'une main-d'œuvre qualifiée. Il ne peut être vendu que dans des pays à fort pouvoir d'achat. *A contrario*, les produits matures ou en déclin nécessitent une main-d'œuvre abondante, peu coûteuse et peuvent être vendus sur des marchés où la demande est très sensible au prix. C'est sur cette analyse que se serait bâtie la « remontée de la filière » (ou stratégie en vol d'oies sauvages) suivie par les pays asiatiques, Japon en tête. On fabrique d'abord des produits à faible valeur ajoutée, puis on attaque des produits plus « jeunes » nécessitant plus de technologies.

Un constat s'impose : le commerce international est de plus en plus un commerce intrabranches. Les véritables acteurs du commerce international sont de plus en plus les entreprises et de moins en moins les pays. Les mesures protectionnistes de Donald Trump ont soulevé autant de protestations de la part des pays partenaires des États-Unis que de la part des entreprises américaines elles-mêmes qui, comme Apple, sont totalement dépendantes du commerce international. En amont par leurs fournisseurs, en aval par leurs débouchés.

Théories du commerce international

L'essentiel en 5 secondes

» Les théories du commerce international sont dominées par l'idée de spécialisation.

» Les critères de spécialisation soulèvent des problèmes et des débats.

» L'évolution récente du commerce international a bouleversé les critères de spécialisation.

Voir aussi :

→ Avantages absolus et comparatifs

→ Théorème HOS

11

THÉORIE DE LA CONCURRENCE PURE ET PARFAITE

Une économie de marché ne saurait se passer d'une concurrence saine et efficace.

Pilier de la théorie libérale

Tout au long du XIXe siècle, les penseurs néoclassiques (notamment Léon Walras, Vilfredo Pareto, Alfred Marshall) ont construit un système théorique faisant du marché le grand régulateur de l'activité économique. Celui-ci permet d'atteindre l'optimum économique, au niveau individuel et collectif, à condition qu'il fonctionne en respectant les conditions de la « concurrence pure et parfaite » :

- » Atomicité. Il doit exister un nombre important de vendeurs et d'acheteurs.
- » Homogénéité. Les produits doivent être identiques ou interchangeables.
- » Transparence. L'information des acteurs doit être totale et gratuite.
- » Libre accès. Il ne doit y avoir aucune entrave à l'entrée (et à la sortie) du marché.
- » Mobilité des facteurs. Les facteurs de production (capital et travail) doivent pouvoir se déplacer librement.

La main invisible

Le miracle qui permet au marché de donner à une société la meilleure solution possible au problème économique est la fameuse main invisible. La « théorie » de la main invisible est aussi célèbre que difficile à cerner. Dans l'œuvre d'Adam Smith, l'expression n'apparaît en tout et pour tout que deux fois. Et dans les deux cas, elle ne fait pas expressément référence à la concurrence, contrairement à ce que l'on pense généralement.

Le risque que l'on court avec l'idée de main invisible c'est de laisser l'égoïsme agir sans limites et lui laisser le soin de tout régler y compris les problèmes éthiques, ce qui est bien loin de la pensée de Smith.

On a vu cette philosophie à l'œuvre avec la crise des *subprimes*, on peut la retrouver dans le problème de l'exploitation de la nature et de la pollution.

Le véritable miracle du marché, bien visible, c'est le prix. Le prix est la véritable étoile Polaire de l'économie : c'est lui qui canalise les comportements des producteurs et des consommateurs. Les économies qui ont voulu se passer d'un système des prix valable ont sombré dans la crise.

Un modèle de référence malgré les critiques

De nombreuses critiques ont été adressées à cette construction, en premier lieu, son manque de réalisme.

Objet de débat

- Les produits sont rarement totalement homogènes et interchangeables : l'effort marketing des entreprises s'efforce de rendre les produits de la marque incomparables.
- L'atomicité n'est pas garantie : cas d'oligopoles, voire de monopsones ou oligopsones (un seul ou quelques acheteurs).
- L'opacité est omniprésente. L'information est loin d'être gratuite.
- L'accès au marché peut être problématique.
- La mobilité des facteurs est limitée.

La concurrence, malgré tout

Malgré ces critiques, le modèle est considéré comme opérationnel et les penseurs libéraux continuent de le valider et de l'affiner. **John Maurice Clark** a introduit la notion de « concurrence praticable » *(workable* *competition*) : même si les conditions de la concurrence pure et parfaite ne sont pas réunies, le marché est capable de donner de bons résultats en termes de prix et de qualité. On s'est ainsi penché sur le thème de la concurrence imparfaite (Edward Chamberlain). Ainsi, la condition de libre accès (fluidité) est jugée essentielle : si un monopole existe, cela n'est pas forcément rédhibitoire, cela n'exclut pas forcément la concurrence.

La théorie des « marchés contestables » (*contestable markets*) soutenue notamment par **William Baumol**, considère que le monopole n'exclut pas la concurrence si l'entrée sur le marché est possible. Lorsqu'une entreprise innove, elle jouit temporairement d'un monopole, si personne ne vient la concurrencer c'est qu'elle est la seule capable de satisfaire la demande. Le monopole est soumis à une concurrence potentielle qui pèse sur les prix. L'entreprise les maintient bas pour éviter d'attirer de concurrents. La seule condition pour qu'un monopole soit considéré comme un marché contestable est que l'entrée soit parfaitement libre et que la sortie s'effectue sans coût.

Théorie de la concurrence pure et parfaite

L'essentiel en 5 secondes

- La théorie de la concurrence est au cœur du libéralisme, c'est sa quintessence.
- La concurrence permet de régler au mieux tous les problèmes économiques, c'est la voie royale vers l'optimum.
- La concurrence fonctionne même si elle n'est ni pure ni parfaite.

Voir aussi :

→ Libéralisme

→ Loi de l'offre et de la demande

12

THÉORIE DES COÛTS DE TRANSACTION

Dans l'économie néoclassique traditionnelle, les agents économiques satisfont leurs besoins en s'adressant au marché. Quelle que soit la demande (de marchandises, mais aussi de capital ou de travail), elle est satisfaite par le marché qui assure, grâce à la concurrence, le prix le plus bas. La coordination entre les agents est donc essentiellement marchande.

Des formes d'organisation adéquates

Ronald Coase (1910-2013), prix Nobel 1991, remet en cause la vision traditionnelle en constatant que le recours au marché comporte des coûts de transaction. La théorie établit que le marché est transparent, ce qui signifie que l'information sur le marché est totale et accessible à tous gratuitement. En réalité, la comparaison des prix, la vérification des informations, la négociation de contrats sous-entend que l'entreprise doit affronter des coûts qui faussent complètement les calculs d'optimalité des échanges.

Dans l'article pionnier de 1937 (*The Nature of the Firm*), Coase estime que les entreprises préfèrent souvent éviter ces coûts en remplaçant le recours au marché par des formes d'organisation adéquates (achat d'autres entreprises, constitution de services de management ou de gestion du personnel). Bien entendu, ces formes d'organisation entraînent à leur tour des coûts dits d'organisation. L'entreprise doit à ce moment-là arbitrer entre les solutions différentes qui s'offrent à elle. Si elle a besoin de production intermédiaire (les sièges d'une voiture), elle peut soit internaliser cette production (en achetant un sous-traitant) soit l'externaliser et avoir recours au marché.

Des formes d'organisation alternatives au marché

Les analyses de Coase seront reprises et approfondies par **Oliver Williamson** (né en 1932), spécialiste de l'économie des organisations et membre du courant néoinstitutionnaliste. Il a reçu le prix Nobel en 2009 « pour ses travaux sur la gouvernance économique et particulièrement les frontières de l'entreprise ».

Williamson considère que le marché n'est pas toujours la réponse adéquate aux besoins de l'entreprise, les coûts de transaction et les imperfections du marché peuvent pousser l'entreprise à élaborer des formes d'organisation alternatives. Elle est confrontée constamment au dilemme « *make or buy* ». L'entreprise doit choisir entre la solution en interne de ses problèmes et le recours au marché. Elle peut répondre à ses besoins par la « hiérarchie » en internalisant complètement certaines activités, c'est préférable, par exemple pour la protection de secrets industriels. Elle peut avoir recours à toutes sortes d'« arrangements institutionnels » : sous-traitance, partenariat, franchises, joint-ventures... de nombreuses formes « hybrides » peuvent être identifiées (sous-traitance, concession, réseau, etc.).

Objet de débat

La théorie des coûts de transaction a le mérite de mettre en évidence l'insuffisance de la logique du marché pour expliquer la complexité des formes organisationnelles des entreprises. L'analyse des entreprises n'était guère un souci majeur dans la théorie néoclassique. La diversité des formes qu'assument les entreprises et leur évolution accélérée au cours des dernières décennies rendent incontournable l'approche de Coase et Williamson. La constitution de « réseaux » d'entreprises au sein des « districts industriels » ou d'« entreprises plateformes » comme Uber montre la pertinence, et l'avenir de cette approche.

Théorie des coûts de transaction

L'essentiel en 5 secondes

- » La théorie traditionnelle considère que le recours au marché est suffisant pour satisfaire les besoins des entreprises.
- » Le recours au marché comporte toutefois des coûts de transaction qui le rendent souvent inadéquat.
- » Les entreprises ont développé une multitude de formes d'organisation alternatives lorsqu'elles offrent de meilleures solutions.

13
THÉORIES DE LA CROISSANCE

Les classiques (Malthus, Smith, Ricardo) avaient une vision « pessimiste » de la croissance. Les ressources étant limitées, ils voyaient la croissance s'arrêter dès que celles-ci seraient pleinement exploitées.

Au XIXe siècle, avec les néoclassiques, la croissance n'a pas été au cœur de la réflexion économique. La pensée économique était plus préoccupée par le problème de l'équilibre que par celui de la dynamique. Seule la théorie marxiste était fondamentalement dynamique avec, en son cœur, le problème de l'accumulation du capital. Il faudra attendre l'entre-deux-guerres pour qu'apparaisse une autre analyse dynamique : celle de **Joseph Schumpeter**, axée sur la notion d'innovation.

La croissance : sources et équilibre

Dans l'après-guerre, les théoriciens se sont battus pour analyser la croissance et en trouver les sources.

Les néokeynésiens d'un côté (Roy Forbes Harrod et Evsey Domar) et les néolibéraux de l'autre (Robert Solow) ont bataillé ferme pour analyser la croissance. Est-elle équilibrée ou déséquilibrée ? Quel rôle jouent les facteurs de production capital et travail ? En partant de l'idée que la production est fonction du capital et du travail, on a cru que la croissance ne pouvait venir que de l'accroissement de ces deux éléments.

Un peu de technique

La fonction de production $Y = f(K, L)$ (avec Y = production, K = capital L = travail) s'est révélée insuffisante pour expliquer la croissance réelle, notamment pendant les Trente Glorieuses. Même en intégrant le progrès technique dans les deux facteurs de production, elle n'expliquait qu'à peine la moitié de la croissance réelle comme l'a montré le livre de Jean-Jacques Carré, Paul Dubois et Edmond Malinvaud, *La Croissance française* (1984).

On a ainsi dû la modifier pour y ajouter $Y = f(K, L) + r$.

Le problème est celui du « facteur résiduel » (r), un élément mystérieux auquel on devait plus de la moitié du taux de croissance. Moses Abramovitz constatait justement que « le facteur résiduel est la mesure de notre ignorance ».

Les étapes de la croissance économique

Faute de mieux, on s'est rabattu sur des schémas simples (et faux) comme celui de **W. W. Rostow** (*Les Étapes de la croissance économique*, 1960). Selon lui, nos sociétés connaissent un chemin de croissance qui passe inévitablement par les étapes suivantes :

- la société traditionnelle ;
- les conditions préalables au décollage ;
- le décollage (*take-off*) ;
- la marche vers de maturité ;
- l'âge de la consommation de masse.

Ce schéma grossier a subi des critiques nombreuses et justifiées : « étapes » mal définies, généralisations abusives, vision de l'histoire pour le moins simpliste. Il s'est toutefois imposé dans les années 1960 aussi bien au Nord que dans les pays en voie de développement.

L'attention des dirigeants s'est focalisée sur l'étape la plus courte et la plus décisive, « le décollage » : durant une vingtaine d'années, les investissements massifs dans l'industrie permettent une inflexion majeure et durable du rythme de la croissance. Le *take-off* est une période courte (de vingt à trente ans) qui se caractérise par de forts taux d'investissement (10 % du PNB), des innovations, la mise en place de secteurs moteurs, d'un système politique adéquat et d'échanges internationaux. Malheureusement, ce schéma, qui est calqué sur l'exemple britannique, a du mal à s'appliquer à celui qui fut le deuxième pays dans le processus d'industrialisation : la France. La majorité des historiens peine à reconnaître la période indiquée par Rostow (1830-1860) comme celle du *take-off* de la France. D'autres périodes (successives ou précédentes) conviendraient aussi bien, ou aussi mal. Probablement parce que la France n'a jamais connu un *take-off*, mais un développement industriel beaucoup plus long et lent, marqué par des phases d'accélération et de ralentissement.

Théories de la décroissance et de la croissance durable

À la fin des années 1960, au moment où l'humanité connaissait la phase de croissance la plus forte (5 % par an en moyenne), une multitude de critiques sont adressées à la croissance faisant écho aux contestations de la société de consommation émergées en mai 1968.

En 1970, le MIT publie, sur initiative du Club de Rome, le rapport sur la « croissance zéro ».

L'idée de base est que la croissance crée des richesses, mais également des nuisances. À partir d'un certain niveau de croissance, celle-ci ne produit plus que des biens d'utilité moindre (gadgets), alors que les nuisances supplémentaires deviennent de plus en plus importantes. Il est impératif alors de ne plus chercher une croissance désormais inutile et dangereuse, mais de viser une « croissance zéro » et de mettre le qualitatif au centre des ambitions. En 1974, une étude de Richard Easterlin montre que l'augmentation de la richesse, au-delà d'un certain niveau, ne fait plus d'effet sur le niveau de satisfaction des individus (paradoxe d'Easterlin). « On ne tombe pas amoureux d'un taux de croissance », disait le syndicaliste André Bergeron.

L'idée de « décroissance » a été émise par Nicholas Georgescu-Roegen dans *The Entropy Law and the Economic Process* (1971).

Il s'appuie sur l'idée d'entropie (ou deuxième principe de la thermodynamique) qui considère que tout système est animé par une énergie qui, en s'exerçant, finit par s'épuiser. C'est l'idée, maintes fois reprise, de l'impossibilité d'une « croissance infinie dans un monde fini ». Cette vision est devenue la justification des revendications écologistes d'une croissance durable (*soustainable growth*) et d'une économie circulaire ayant le moins d'impact possible sur les ressources et les équilibres naturels.

Théories de la croissance

L'essentiel en 5 secondes

» La croissance, véritable panacée de nos sociétés, est un phénomène mal connu.

» Ni les théories ni les analyses historiques ne sont convaincantes.

» Les théories de la croissance suscitent de nombreuses critiques, elles doivent être revues et corrigées pour devenir pertinentes.

Voir aussi :

→ Théorie de la croissance endogène

→ Théorie de l'innovation

14

THÉORIE DE LA CROISSANCE ENDOGÈNE

Les théories traditionnelles de la croissance étaient bâties sur l'idée que la croissance était alimentée par des facteurs exogènes (travail, capital) et que sa mécanique était inévitablement influencée par les rendements décroissants : si l'on augmente les facteurs de production, leur productivité ne peut, à terme, que baisser. Depuis **David Ricardo**, les « rendements décroissants » étaient un des piliers de la science économique.

Dès les années 1960, **Kenneth Arrow** introduit pour la première fois l'idée de rendements croissants dans la croissance. Il les explique par des phénomènes d'apprentissage par la pratique (*learning by doing*) (correction des erreurs, coordination entre les agents).

Dans les années 1980, **Paul Romer, Robert Lucas** et **Robert Barro** généralisent cette idée et identifient les sources de rendements croissants.

Les économies d'échelle externe

L'activité économique est favorisée par les externalités positives que notre société produit. Les infrastructures (routes, aéroports, mais également écoles et hôpitaux) participent à l'amélioration de la productivité des facteurs de production.

L'innovation

L'innovation était considérée comme un facteur exogène de la croissance, elle est « endogénéisée » par ces théories. En réalité, l'innovation est au cœur de la croissance : elle ne se contente pas de la provoquer, elle est provoquée par elle. Après une phase monopolistique, l'innovation finit par se généraliser : ses effets bénéfiques s'accumulent et son coût d'utilisation devient, à terme, négligeable. Les rendements sont croissants.

L'accumulation des connaissances

Paul Romer met l'accumulation de connaissances au cœur de la croissance endogène. Les nouvelles technologies de l'information et de la communication (NTIC) montrent comment le produit de la recherche peut être diffusé quasiment rapidement et gratuitement à l'ensemble des acteurs économiques privés.

« L'économie physique est caractérisée par la loi des rendements décroissants, à cause de la rareté des matières premières. L'économie des idées, elle, entraîne des rendements croissants : développer un logiciel coûte cher en recherche, en essais, en mise au point. Mais la production ne coûte presque rien ; le coût moyen baisse à chaque unité, ce qui est une forme de rendement croissant. » (Paul Romer, in *Le Monde*, 10 juin 1997)

L'action de l'État

Le rôle de l'État est fondamental dans les théories de la croissance endogène. Il crée les infrastructures et les économies d'échelle externe qui en découlent. Il participe grandement à l'innovation par la recherche, par l'école. Il est le grand pourvoyeur de l'accumulation des connaissances. Son rôle est irremplaçable parce qu'il est le seul à pouvoir prendre en charge des dépenses de recherche et d'éducation qui ne seraient pas rentables pour un agent privé, car très coûteuses et ne pouvant agir que sur le long terme.

Dans une période caractérisée par le recul de l'État, les théories de la croissance endogène réhabilitent grandement son rôle : dans *The Entrepreneurial State : Debunking Public vs. Private Sector Myths* (2013), **Mariana Mazzucato** souligne ainsi que l'essentiel des technologies utilisées dans nos smartphones a comme origine la recherche publique (écran tactile, Internet, GPS…).

Romer, Lucas et Barro sont des économistes d'inspiration libérale mais ils soulignent tous le rôle déterminant de l'État. Une des conclusions les plus percutantes de la théorie de la croissance endogène est que l'on peut envisager une croissance infinie dans un univers fini, avec des ressources naturelles limitées. Selon Romer, les connaissances et l'information seraient les sources inépuisables d'une croissance durable et pérenne.

Théorie de la croissance endogène

L'essentiel en 5 secondes

» La théorie de la croissance endogène bouleverse notre vision de la croissance.

» Elle dévoile les sources de rendements croissants qui peuvent assurer une croissance pérenne.

» Bien qu'établies par des libéraux, ces théories montrent que l'État joue un rôle déterminant dans la croissance.

Voir aussi :

→ Théories de la croissance

15
THÉORIE DES CYCLES

L'activité économique est caractérisée par toutes sortes de cycles : les cycles saisonniers, les cycles agricoles, le cycle du bâtiment, les cycles de stockage/déstockage. Franco Modigliani a analysé le cycle de vie qui retrace l'évolution de l'épargne et de la consommation en fonction de l'âge.

La théorie économique s'est focalisée sur les cycles généraux, qui touchent l'ensemble de l'activité économique et qui rythment les périodes d'expansion et de récession. Trois cycles ont été particulièrement mis à jour.

Le cycle Kitchin (ou cycle court)

Ce cycle est mis au jour dans les années 1920 par **Joseph Kitchin**. Il a une durée de l'ordre de trois à quatre ans. Il serait lié à des phénomènes de stockage/déstockage, amplifié par des phénomènes psychologiques (on déstocke plus en période de crise et on surstocke en période d'optimisme). Le mouvement des stocks interagit avec les variations des prix et des taux d'intérêt. Statistiquement, le cycle Kitchin semble vérifié dans l'après-guerre notamment aux États-Unis.

Le cycle Juglar (ou cycle majeur)

Le cycle découvert par **Clément Juglar** dans les années 1860 est celui qui semble le plus évident. C'est un cycle de sept à onze ans axé autour d'un krach boursier qui marque le point de retournement. La période d'expansion est caractérisée par la hausse de la production, de l'emploi, des salariés et des prix. La période de récession par leur baisse. L'histoire économique du XIXe siècle semble confirmer cette analyse. Les crises du XIXe siècle suivent un rythme proche de celui suggéré par Juglar (1836, 1847, 1857, 1867, 1872, 1882...).

Un peu de technique

Parmi les explications avancées, celles axées sur le rôle de la monnaie semblent les plus pertinentes. En période d'expansion, l'émission abondante de crédit aboutit à un gonflement exagéré de la masse monétaire. Les autorités monétaires craignent alors que la parité or de la monnaie soit compromise : elles freinent donc la création monétaire (en augmentant les taux d'intérêt notamment). Cette augmentation fait exploser la bulle spéculative et enclenche un processus déflationniste : faillite des banques, « *credit crunch* » (implosion du crédit), baisse des prix, baisse de la production, baisse de l'emploi, baisse des salaires.

Le cycle Kondratieff (ou cycle long)

Le cycle Kondratieff a été popularisé par **Joseph Schumpeter** qui en a fait la base de son analyse de l'innovation. C'est un cycle long (*long waves*) de 50-60 ans qui a suscité beaucoup de controverses.

Un peu de technique

Il se caractérise par une phase d'expansion (phase A) pendant laquelle la production, l'emploi et les prix augmentent et d'une phase B pendant laquelle elles diminuent. Au milieu du cycle, une crise majeure marque la rupture (1872, 1929, 1973).

Selon Schumpeter, c'est l'innovation qui est le moteur de ces cycles, les phases d'expansion étant alimentées par des vagues d'innovations : innovations fondamentales (chemin de fer, électricité) suivies de « grappes d'innovations ». Les phases de dépression sont caractérisées par le tarissement des effets bénéfiques de l'innovation.

Le cycle Kondratieff a été « redécouvert » par de nombreux économistes lorsque, après la période de croissance des Trente Glorieuses, on a connu une longue période de crise de durée identique (les « Trente Piteuses »).

Il semblait présenter à l'époque un cadre d'interprétation convaincant, notamment en termes d'évolution technologique et d'innovation. On a suggéré le schéma suivant :

- 1er Kondratieff 1790-1848 : cycle de la révolution industrielle.
- 2e Kondratieff 1848-1893 : cycle « bourgeois » (rail, sidérurgie).
- 3e Kondratieff 1893-1940 : cycle « néomercantiliste » (électricité, chimie, automobile).
- 4e Kondratieff 1940-1992 : Trente Glorieuses et Trente Piteuses.
- 5e Kondratieff 1992- ? : cycle des NTIC.

Mais le cycle Kondratieff pose des problèmes : d'une part, son existence n'est pas évidente à « prouver » statistiquement, notamment après 1945, parce que, dans cette période, les prix ne suivent pas l'évolution voulue : en période de crise, ils devraient baisser, or, tout au long des « Trente Piteuses », ils n'ont cessé de croître. À moins de les mesurer en... or. Par ailleurs, et c'est un problème qui touche tous les cycles, l'évolution récente de l'économie l'a rendue plus complexe et hétérogène. Les différences de structures, de niveau de développement, de croissance des différentes économies font qu'elles rentrent difficilement dans les mêmes rythmes.

L'idée de cycle reste toutefois pleine d'attraits : dans un monde de plus en plus inquiet de son présent, le cycle offre l'espoir que « ça ira mieux demain », c'est pour cela que les cycles sont étudiés en période de crise et oubliés en période de prospérité. En 1999, l'économiste en chef du FMI, Kenneth Rogoff, annonçait la fin des crises, peu de temps avant le krach boursier de l'an 2000, et la crise, bien plus dévastatrice de 2008.

Théorie des cycles réels (TCR)

La théorie des cycles réels (*Real Business Cycles*) a été avancée dans les années 1980 par **Finn Kydland** et **Edward Prescott** (Nobel 2004), au sein de la NEC.

Cette théorie utilise les modèles DGSE (modèles dynamiques stochastiques d'équilibre général) et aboutit à l'idée que les cycles économiques sont créés par des « chocs de productivité » produits aléatoirement par les innovations, considérés comme étant exogènes à l'activité économique.

Très discutée dès le départ, cette théorie a subi des critiques sévères après la crise des *subprimes* que les modèles DGSE, très largement utilisés par les banques centrales, avaient été incapables d'anticiper. Ces modèles ont depuis été modifiés, mais n'ont pas été abandonnés.

Théorie des cycles

L'essentiel en 5 secondes

» L'économie connaît toute sorte de cycles.

» Le cycle Juglar (10 ans) et le cycle Kondratieff (60 ans) sont les plus convaincants.

» Les phénomènes monétaires et la technologie semblent jouer un rôle déterminant.

Voir aussi :

→ Théorie de l'innovation

→ Théorie de la destruction créatrice

16
LA LOI DES DÉBOUCHÉS

La « loi des débouchés » de **Jean-Baptiste Say** (1767-1832) est considérée une des lois économiques fondamentales. Critiquée par Keynes, elle a été réhabilitée par les économistes néolibéraux.

Énoncée dans le *Traité d'économie politique* de 1803, cette loi affirme : « C'est la production qui ouvre des débouchés aux produits. Le seul fait de la formation d'un produit ouvre, dès l'instant même, un débouché à d'autres produits. »

Cela signifie que l'offre crée ainsi sa propre demande. Toute nouvelle production s'accompagne d'une distribution de revenus qui permet de vendre cette nouvelle production.

Si on imagine une économie où un seul acteur serait à la fois producteur et consommateur, on pourrait extrapoler la démonstration logique de cette loi. Je produis un bien que je vends. Aurai-je un débouché, un acheteur pour mon produit ? Bien sûr puisque moi-même je pourrai l'acheter, avec l'argent gagné en le vendant.

La loi fondamentale ?

La loi des débouchés est la quintessence explicite du dogme libéral de l'équilibre des marchés et de l'impossibilité de toute crise de surproduction ou de sous-consommation. Elle tend à prouver que l'économie de marché se régule de façon spontanée en situation de concurrence et qu'en conséquence l'État doit avoir un rôle aussi limité que possible. Elle sous-entend également que les échanges se font marchandise contre marchandise et illustre un autre dogme de la pensée libérale : la neutralité de la monnaie.

La critique de Keynes

L'œuvre de Keynes est fondamentalement une remise en cause de la loi de Say. La production et le revenu ne s'ajustent pas automatiquement. À l'économie fondée sur l'offre de J.-B. Say, Keynes oppose une économie fondée sur la demande. C'est la « demande anticipée » qui « tire » la production. Les entreprises produisent moins si elles anticipent une demande insuffisante, il faut donc que l'État et la loi œuvrent pour que la demande soit suffisante (salaire minimum, emplois publics, allocations).

Keynes remet également en cause la neutralité de la monnaie en affirmant que celle-ci peut être demandée pour d'autres raisons que les transactions (motifs de précaution et de spéculation qui aboutissent à la « préférence pour la liquidité » et à la thésaurisation).

La thésaurisation est une des causes de la soustraction de l'épargne du circuit économique. L'épargne n'égalise donc pas automatiquement l'investissement. La loi des débouchés sous-entend l'impossibilité de situations de surproduction généralisée, alors que Keynes affirme le contraire, comme le prouve la crise de 1929.

Malgré la critique keynésienne, et grâce au déclin du keynésianisme, la loi des débouchés est redevenue le pilier théorique des « politiques de l'offre » qui dominent sans partage depuis les années 1980 et qui mettent les entreprises, les producteurs, les investisseurs, au centre des préoccupations des politiques économiques.

La loi des débouchés

L'essentiel en 5 secondes

» La loi des débouchés est le pilier de la pensée libérale. Toute offre crée sa demande, donc tout déséquilibre fondamental est impossible.

» Keynes a critiqué la loi des débouchés : la crise est possible, c'est la demande qui prime.

» Avec l'échec des politiques keynésiennes, la loi de Say est redevenue l'étoile Polaire des politiques économiques.

Voir aussi :

→ Loi de l'offre et de la demande

→ Théorie quantitative de la monnaie

→ Théorie keynésienne

17

THÉORIE DE LA *DEBT DEFLATION*

La théorie de la déflation par la dette (*debt deflation*) a été énoncée par **Irving Fisher** au lendemain de la crise de 1929 dans l'article *Théorie des grandes dépressions par la dette et la déflation* (1933). Selon lui, les théories traditionnelles des crises en termes de sous-consommation ou surinvestissement peuvent expliquer les petites perturbations économiques, mais les grandes crises ne peuvent s'expliquer que par l'accumulation et l'interférence entre le surendettement et la déflation.

Le surendettement et le krach

Une phase d'expansion économique sous-entend un recours important au crédit. Dans cette phase, les profits attendus étant supérieurs aux taux d'intérêt, entrepreneurs et spéculateurs financent de plus en plus leurs investissements par le crédit. L'excès d'optimisme peut mener au surendettement. Celui-ci se produit lorsque les engagements excèdent à court terme la capacité de remboursement. La prise de conscience, tardive, de cette situation amène les opérateurs à liquider rapidement la dette. Cette panique provoque le krach boursier. Tout le monde vend de peur que ça baisse, donc ça s'effondre.

Les mécanismes de la dépression

La liquidation de la dette et le tarissement du crédit (personne n'ose plus en demander ni en offrir) provoquent la baisse générale des prix. D'autant plus que les banques sont décimées par les faillites. N'oublions pas qu'un crédit accordé, c'est de la création monétaire, alors qu'un crédit remboursé, c'est de la destruction monétaire. Dans ce type de dépression, la masse monétaire se contracte et provoque la baisse des prix. La baisse des prix, des profits et de la valeur boursière des entreprises provoque une baisse de la production. Les anticipations pessimistes et la baisse des prix favorisent la thésaurisation.

La baisse des taux d'intérêt est surcompensée par la baisse des prix. Les taux d'intérêt réels augmentent. Selon Fisher, le moment crucial est celui de la baisse des prix. En effet, la déflation crée une situation abracadabrantesque où « chaque dollar de dette encore impayé devient plus lourd, plus les débiteurs remboursent plus ils doivent ». Les chiffres donnés par Fisher sont redoutables : de 1929 à 1933 en termes nominaux, la dette avait été remboursée à 80 %, en termes réels elle avait... augmenté de 40 % !

Face à une situation aussi catastrophique, Fisher, pourtant libéral, n'envisage qu'une solution : l'intervention de l'État.

La crise des *subprimes*

La pertinence de théorie de la *debt deflation*, qui avait des qualités explicatives évidentes pour la crise de 1929, a été réaffirmée avec la crise des *subprimes* de 2007-2008.

Un peu de technique

Les mécanismes sont exactement ceux décrits par Fisher : l'excès d'optimisme, la spéculation financée à crédit, l'aveuglement face au risque, puis le krach et la panique. La seule chose qui change, ce sont les techniques financières, notamment la *titrisation* destinée à neutraliser les risques liés à certains crédits en les mélangeant (à l'aide de modèles mathématiques « infaillibles ») dans des « paniers » de titres : les fameux CDO (*collateralized debt obligations*). Si le grand public, et les journalistes, n'ont jamais entendu parler de l'analyse de Fisher, les dirigeants du monde, eux, en ont fait bon usage : la phase critique, celle de la déflation, a été évitée de justesse par les États et les banques centrales qui ont pratiqué une politique anti-déflationniste massive en sauvant les banques et en injectant dans les économies des centaines de milliards (les fameuses politiques de *quantitative easing*). Merci Fisher.

Théorie de la *debt deflation*

L'essentiel en 5 secondes

» La théorie de la déflation par la dette analyse les crises graves du capitalisme lorsque le surendettement rencontre la baisse des prix.

» Cette rencontre calamiteuse s'est produite en 1929, avec les conséquences que l'on connaît.

» En 2008, on a évité le pire de justesse. Preuve que parfois les théories économiques ont du bon.

18

THÉORIE DE LA DESTRUCTION CRÉATRICE

Énoncée par **Joseph Schumpeter**, la théorie de la « destruction créatrice » (*Théorie de l'évolution économique*, 1911) est un des piliers de la pensée économique, concept central et loi fondamentale pour comprendre des économies comme les nôtres, soumises à de perpétuels bouleversements.

L'impact de l'innovation

Les entreprises se livrent une concurrence permanente. Celles qui innovent s'imposent, les autres disparaissent.

« Ce processus de destruction créatrice constitue la donnée fondamentale du capitalisme ; c'est en elle que consiste, en dernière analyse, le capitalisme et toute entreprise capitaliste doit, bon gré mal gré, s'y adapter. » (Joseph Schumpeter)

Un peu de technique

Le mécanisme est le suivant : la mise en œuvre des innovations provoque une période d'expansion. L'expansion, par la pression qu'elle exerce sur les matières premières, les salaires et, éventuellement, sur les taux d'intérêt, entraîne la hausse des prix et des coûts. Cette hausse n'est supportée que par les entreprises ayant innové, puisque l'innovation leur assure de forts profits, notamment dans la phase d'exploitation exclusive de l'innovation, qui leur donne une situation de monopole. Les autres entreprises sont laminées par la hausse des prix : elles font faillite et disparaissent.

Une loi implacable

Cette analyse est fondamentale pour comprendre l'économie du monde contemporain. Après la relative stabilité des Trente Glorieuses, depuis les années 1990 on a vu la destruction créatrice dicter sa loi implacable : des secteurs entiers de l'économie ont sombré corps et biens, des entreprises jadis florissantes ont disparu. Kodak, après un siècle de prospérité, a fait faillite en 2012 et la photographie argentique n'existe quasiment plus, pas plus que le minitel ou les cassettes vidéo. L'industrie du vinyle a été laminée par la montée inexorable du compact-disc, qui lui-même a subi le même sort face à la montée de la vente de la musique en ligne.

Le sort du textile, de la sidérurgie, de l'industrie du jouet en France est-il dicté par la même loi implacable ? Il n'est pas facile de faire la différence entre ce qui est inévitable et ce qui ne l'est pas. Le livre papier et les librairies sont-ils destinés à disparaître ? Et les taxis ?

Les acteurs actuels de la destruction créatrice sont les nouvelles technologies de l'information et de la communication (NTIC) qui, en quelques décennies, ont totalement bouleversé nos économies et nos sociétés. Et nous n'en sommes qu'au début : d'autres révolutions se profilent (intelligence artificielle, biotechnologies...).

La destruction créatrice est le fait de l'entrepreneur qui est au cœur de l'analyse de Schumpeter.

Curieusement, Schumpeter pensait que ce personnage allait disparaître, avalé par une économie de plus en plus planifiée et socialisée. L'histoire récente lui a donné raison, malgré lui. Des personnages comme Bill Gates, Steve Jobs ou Mark Zuckerberg sont la preuve que l'entrepreneur est toujours vivant.

Un processus généralisé

Le processus de destruction créatrice ne concerne pas seulement les entreprises. Schumpeter et ses disciples considèrent qu'il concerne également le cadre institutionnel, voire l'autorité morale. Ainsi Internet n'a pas seulement fait surgir de nouvelles méthodes de distribution ; les « réseaux » sont capables de changer la manière de voter... même de travailler, ils remettent en cause le salariat, le régime de la propriété.

L'innovation pose donc le problème du cadre légal des activités. Des plateformes comme Uber ont posé le problème du salariat. Airbnb pose le problème fiscal des revenus de location des particuliers. Et si ces nouveautés se heurtent à la loi... c'est que la loi aussi doit être changée.

Les grandes institutions de nos sociétés deviennent, à partir d'un certain seuil de développement, un obstacle à leur propre fonctionnement. La médecine nuit à la santé, « la circulation produit plus de distance qu'elle n'en parcourt ». L'école abêtit, les moyens de communication empêchent de communiquer.

Théorie de la destruction créatrice

L'essentiel en 5 secondes

» L'innovation est le moteur de la croissance : elle détruit autant qu'elle crée.

» Les entreprises qui n'innovent pas sont destinées à disparaître.

» La destruction créatrice concerne également les institutions, les lois, la morale.

Voir aussi :

→ Théorie de l'innovation

→ Théorie de la croissance endogène

→ Théorie des cycles

19

THÉORIE DU DÉVERSEMENT

Depuis **Colin Clark** (1947), on classe les activités économiques en trois secteurs : le primaire (agriculture), le secondaire (industrie) et le tertiaire (services).

Un peu de technique

Alfred Sauvy a énoncé la théorie du déversement. Lorsqu'un pays se développe, la population active passe de l'agriculture à l'industrie, puis aux services. Au terme de ce processus, la population agricole est réduite à la portion congrue : 2 à 5 % de la population active. La population industrielle augmente jusqu'à représenter 40 ou 50 % des emplois. Cela a créé les « sociétés industrielles » auxquelles nous nous sommes habitués pendant les Trente Glorieuses. Nous sommes ainsi passés de sociétés agricoles à des sociétés industrielles.

Mais le processus continue : après avoir atteint des sommets, la population industrielle décroît jusqu'à atteindre des pourcentages très bas, proches de 15 %. Les paysages auxquels nous étions habitués sont modifiés. Les cheminées d'usines disparaissent. Les ateliers ferment. C'est un processus de désertification semblable à celui que nos campagnes ont connu. On parle alors de « désindustrialisation ».

Les activités qui montent, ce sont les services : le commerce, les transports et télécommunications, la banque et les assurances. Mais aussi les loisirs, la santé, l'éducation, la recherche. Ceux qui sont fournis par les entreprises (services marchands) et ceux fournis par l'État (services non marchands).

Ce secteur vaste et hétérogène est le seul secteur économique dont les emplois augmentent régulièrement avec le développement économique. Il constitue pour les pays développés l'essentiel de leur richesse, parfois plus de 80 %.

La décrue de l'industrie est un phénomène que tous les pays les plus développés ont connu à partir des dernières décennies. Ce phénomène est dû à la mécanisation, à la délocalisation ou à l'externalisation des emplois industriels vers des sociétés de services qui travaillent pour l'industrie : intérim, maintenance, logistique, conseil. On estime que 25 % des pertes d'emploi industriel proviennent de cette externalisation.

Développement ou désindustrialisation ?

Cet effacement apparent de l'industrie a suscité l'idée de « désindustrialisation » qui comporte une connotation nettement négative, à l'opposé de la dimension positive contenue dans le terme « industrialisation ». Alors peut-on confondre tertiarisation et désindustrialisation au sens de déclin de la puissance économique ? Bien sûr que non.

N'oubliez pas

L'industrialisation des pays émergents et notre « désindustrialisation » ne sont pas des vases communicants. C'est une autre version du déversement d'Alfred Sauvy. L'ambiguïté peut être alimentée par le fait que la désindustrialisation n'a pas le même rythme dans tous les pays développés. Le Royaume-Uni et les États-Unis sont allés le plus loin. Ces pays n'ont plus qu'aux alentours de 15 % d'actifs industriels. Le Japon ou l'Allemagne ont gardé des taux proches de 25 %. La France se situe à mi-chemin, aux alentours de 18 %. Les esprits chagrins pensent que ces chiffres signifient que l'Allemagne est un pays plus « industrialisé », plus « développé » que la France. Eh bien non.

La tertiarisation des économies est un symptôme de développement. De ce point de vue là, la France serait donc plus développée que l'Allemagne. On a moins d'actifs industriels mais – le saviez-vous ? – on produit des biens de plus haute technologie que nos voisins d'outre-Rhin. Et on vend beaucoup plus de services qu'eux. La France est le deuxième exportateur mondial de services. Derrière les États-Unis.

Critiques

On a reproché à la théorie du déversement de ne pas prendre en compte le concept de secteur quaternaire présenté par certains comme le stade actuel ou prochain d'évolution de la structure des emplois. Mais surtout, on lui reproche de ne pas rendre compte de la situation actuelle. La principale limite de la théorie du déversement tient au fait que l'un de ses sous-entendus n'est guère confirmé par l'évolution historique.

Les travaux de Sauvy ou de Jean Fourastié aboutissaient au constat que le déversement créait des emplois plus qualifiés et mieux rémunérés, transformant ainsi la croissance en véritable progrès social et humain. L'excroissance du tertiaire a vu au cours des dernières années se constituer un univers d'emplois, essentiellement tertiaires, mal rémunérés et précaires. Le déversement aboutit à une impasse sociale.

Théorie du déversement

L'essentiel en 5 secondes

» La croissance économique s'accompagne d'une modification de la répartition de la population active.

» Ce glissement de l'agriculture au tertiaire, en passant par l'industrie, s'est accompagné pendant les Trente Glorieuses d'une amélioration des revenus et du niveau de vie.

» Ce processus vertueux semble s'être bloqué : désindustrialisation et croissance du mauvais tertiaire...

Voir aussi :

→ Théories de la croissance

20

THÉORIE DE L'ÉCHANGE INÉGAL

Dans les années 1960 et 1970, de nombreux économistes se sont opposés à la vision libérale du sous-développement. Celui-ci était analysé comme un simple retard de développement le long d'un processus unique tel que décrit par W. W. Rostow (*Les étapes de la croissance économique*, 1960). Le sous-développement était alors compris comme le résultat de blocages qui empêchaient la fameuse étape du *take-off* (ou décollage).

La détérioration des termes de l'échange

Les économistes d'inspiration marxiste **Samir Amin** (1931-2018) et **Arghiri Emmanuel** (1911-2001) considèrent que le sous-développement est le produit d'une spoliation opérée par les pays développés aux dépens des pays du Sud. L'exploitation sans la colonisation.

Les « termes de l'échange » analysent les échanges en termes réels : marchandises contre marchandises. Si les prix des produits du Nord augmentent et ceux des produits du Sud baissent, il y a détérioration des termes de l'échange. Donc, les pays du Sud doivent vendre une quantité plus importante de leurs biens pour acheter des quantités moindres de produits industriels. Il y a donc spoliation du Sud par le Nord et transfert de richesse.

On en déduit alors que la richesse des pays du Nord est en partie créée par les pays du Sud, ou qu'elle provient d'un détournement des richesses du Sud, accaparées par les pays du Nord. De tels « détournements » se sont produits ou se produisent entre les différents secteurs de l'économie. De l'agriculture en faveur de l'industrie, de l'agriculture et de l'industrie en faveur des services (problème de la grande distribution qui impose des prix bas aux producteurs).

La croissance appauvrissante

La théorie de la croissance appauvrissante de l'économiste indien **Jagdish Bhagwati** prolonge l'idée d'échange inégal : un pays peut s'appauvrir tout en produisant plus. Cette théorie, émise en 1958, est heureusement contredite par l'évolution actuelle de la croissance des pays autrefois sous-développés (Chine, Inde).

Plus globalement, la théorie de l'échange inégal a contribué à soutenir une vision du monde du type centre-périphérie, d'inspiration marxiste où le « centre » (les pays développés) monopolise les avantages de l'échange international aux dépens de la « périphérie » (les pays du Sud étant les éternelles victimes de la mondialisation).

La vérification statistique de la théorie de l'échange inégal n'est pas aisée, notamment sur le long terme. La hausse du prix du pétrole et de nombreuses matières premières ont contredit l'hypothèse, ainsi que la stabilité, sur le long terme d'autres matières premières.

De son côté, l'évolution des prix des produits industriels n'est pas simple à saisir : après une période d'inflation chronique (années 1960-1970), les prix suivent des trajectoires disparates : certains se maintiennent à de forts niveaux, d'autres se sont effondrés, ironie de l'histoire, grâce à l'industrialisation des pays du Sud.

Théorie de l'échange inégal

L'essentiel en 5 secondes

» L'échange inégal se manifeste lorsque les prix des produits échangés suivent des trajectoires différentes.

» Les pays dont les prix baissent sont victimes d'un détournement de richesses et peuvent connaître une croissance appauvrissante.

» Cette théorie ne semble pas être confirmée par la situation du commerce mondial actuel.

Voir aussi :

→ Théories du commerce international

→ Théories des avantages absolus et comparatifs

→ Théorème HOS

21

ÉCONOMIE COMPORTEMENTALE

Pendant longtemps, la science économique s'est fondée sur le dogme d'un agent économique parfaitement rationnel et calculateur (l'*homo œconomicus*). Certains penseurs libéraux, comme Gary Becker, ont même élargi le champ de la rationalité économique à des domaines jugés extraéconomiques comme le mariage, la filiation, voire la criminalité.

Analyse des comportements paradoxaux

Keynes, entre autres, avait pourtant signalé l'existence de comportements non rationnels, notamment à la Bourse (les fameux « *animal spirits* », ou esprits animaux) et l'impossibilité d'effectuer certains calculs de rentabilité. Veblen avait montré que les comportements humains sont motivés par ressorts psychologiques qui nous font agir de manière diamétralement opposée à la rationalité économique. L'effet Veblen en est la meilleure preuve.

Depuis les années 1970, de nombreux économistes comme **Daniel Kahneman** (Nobel 2002) et **Amos Tversky** (auteurs de la *Théorie des perspectives*, 1979) ont fait de l'étude des comportements un champ à part entière de la science économique. **Richard Thaler** (Nobel 2017) a beaucoup fait pour diffuser et vulgariser les analyses de l'économie comportementale : il a tenu une rubrique dans le *Journal of Economic Perspectives* intitulée « Anomalies » décrivant et expliquant des comportements paradoxaux.

L'économie comportementale étudie l'action des agents économiques et essaie d'expliquer pourquoi ceux-ci adoptent dans certaines situations des comportements paradoxaux et irrationnels. Le cœur de la réflexion porte sur les « biais cognitifs » c'est-à-dire les déviations, les dérives de la connaissance par rapport à une compréhension parfaitement rationnelle.

Utilisant les méthodes de la psychologie (discipline de départ de Kahnemann et Tversky), de la sociologie et de la neuroéconomie, l'économie comportementale montre l'efficacité d'une approche interdisciplinaire.

N'oubliez pas

Il est à noter qu'elle est une des rares branches de l'économie qui peut pratiquer, et qui a pu avancer grâce à l'expérimentation soit en laboratoire, soit sur le terrain. Méthode difficile à mettre en œuvre dans d'autres domaines comme la macroéconomie.

Impact sur la finance

L'économie comportementale a révolutionné l'étude de bon nombre de domaines économiques (fonctionnement des marchés, choix du consommateur, organisation industrielle), mais c'est dans le domaine de la finance qu'elle a probablement donné les résultats les plus remarquables. La finance comportementale a mis au jour les comportements qui expliquent les bulles et les crises boursières.

Un peu de technique

Un des phénomènes les plus ravageurs est les anticipations autoréalisatrices : on achète une action parce que l'on croit qu'elle va augmenter, donc elle augmente, puisqu'une majorité d'acteurs fait le même raisonnement. L'opérateur en tire la conclusion qu'il possède une grande intelligence et perd toute prudence. Lorsque la crise se produit, l'opérateur vend pour éviter l'impact de la baisse. En réalité, en vendant, il va lui-même provoquer la baisse.

Ces analyses ont été approfondies par **Robert Shiller** (Nobel 2013). Dans *Exubérance irrationnelle* (2000), il constate que le marché boursier lié à la nouvelle économie est devenu une bulle (la bulle Internet) peu de temps avant que celle-ci explose.

Quelques années plus tard, il réitère sa mise en garde sur le boom de l'immobilier, peu de temps avant la crise des *subprimes*. En 2009, il publie avec George Akerlof *Les esprits animaux. Comment les forces psychologiques mènent la finance et l'économie.*

Économie comportementale

L'essentiel en 5 secondes

- L'économie comportementale étudie les comportements des agents économiques et découvre qu'ils ne sont pas toujours rationnels.
- Elle remet en cause un des piliers de la pensée économique : le dogme de l'*homo œconomicus* et celui de la coïncidence des comportements individuels et de l'intérêt général.
- La finance comportementale illustre parfaitement ces dérives : l'action irrationnelle des opérateurs peut entraîner une crise d'ampleur planétaire.

Voir aussi :

→ Hypothèse d'instabilité financière

22
LE PROBLÈME DU *FREE RIDER*

Le problème du *free rider* (ou du passager clandestin) a été énoncé par **Mancur Olson** (1932-1998) en 1965 dans son livre *Logique de l'action collective.*

Le *free rider* est celui qui profite de l'action collective sans y participer, sans en payer le coût. Olson donne l'exemple de l'action syndicale. Un individu rationnel a intérêt à ne pas participer à une grève puisque, si elle réussit, il en aura les avantages sans avoir perdu de journée de travail.

Le principe peut être étendu à toutes sortes de domaines où l'individu peut profiter d'un bien ou d'un service sans en payer le prix. C'est vrai dans le secteur des transports (resquilleurs) tout comme dans celui des services publics (évasion fiscale) ainsi que dans celui des biens communs. En sociologie, on le rapproche de l'effet Kitty Genovese (ou effet du témoin) qui affirme que « plus le nombre de personnes qui assistent à une situation exigeant un secours est important, plus les chances que l'un d'entre eux décide d'apporter son aide sont faibles. »

Un cheval de bataille

L'idée du *free rider* a été reprise et popularisée par les libéraux américains dans les années 1980 qui en ont fait un cheval de bataille pour lutter contre l'État providence et l'action publique destinée, selon eux, à généraliser ces comportements parasitaires et à n'aboutir qu'à des déficits abyssaux. Si on veut garder les services publics, comment peut-on limiter les « passagers clandestins » ?

S'agissant de l'action syndicale, certains envisagent que le bénéfice de ses conquêtes soit limité aux seuls inscrits au syndicat. Ou à rendre l'inscription à un syndicat obligatoire, ce qui revient au même. Ce système a existé et existe dans certains pays où le taux de syndicalisation est, comme par enchantement, très fort.

On pourrait se dire que ce problème peut être réglé par un système de contrôle sévère et de sanctions. L'expérience a montré que ce n'est pas si facile. La lutte contre la fraude, dans les transports comme à la Sécurité sociale, risque fort de coûter plus cher que les sommes récupérées : dans ce cas-là, la solution la plus économique et rationnelle, c'est... de ne rien faire.

Reste la solution préconisée par Ronald Coase : privatiser les services publics et en rendre l'accès payant.

Nombreuses critiques

Albert O. Hirschman considère que le problème du *free rider* n'est pas une donnée constante dans nos sociétés. Si la situation personnelle est caractérisée par l'incertitude ou le stress (peur de perdre son emploi), les gens sont peu enclins à consacrer leur temps à la sphère publique. À d'autres moments, l'insatisfaction peut pousser les individus à s'organiser et à mener des projets pour résoudre les problèmes publics.

Richard Tuck (*Free Riding*, 2008) affirme quant à lui que le problème n'a pas la dimension universelle qu'on lui donne, et que sa mise en exergue n'est que le résultat de la domination récente de la pensée ultralibérale. Il distingue deux situations : dans le cas de groupes restreints, l'engagement personnel est fort et suffit à motiver l'action en faveur du groupe.

Objet de débat

Dans le cas de groupes étendus, bien que la situation puisse se produire, elle ne serait que le résultat d'une défaillance morale qui aurait déplu à tous les grands penseurs libéraux, d'Adam Smith (auteur de la *Théorie des sentiments moraux*, 1759) à Vilfredo Pareto, en passant par Jeremy Bentham. Aucun n'a estimé que la participation à l'effort commun puisse être jugée « négligeable » et la non-participation qualifiée de « rationnelle ».

Tous étaient convaincus que l'action de chacun est essentielle à la réalisation du bien commun. Comme John F. Kennedy lorsqu'il exhortait les Américains par la fameuse phrase : « Ne vous demandez pas ce que votre pays peut faire pour vous, demandez-vous ce que vous pouvez faire pour votre pays. »

Le problème du *free rider*

L'essentiel en 5 secondes

- » Le *free rider* est celui qui profite de l'effort commun sans y participer.
- » Une des conséquences du phénomène de *free rider* serait que les services publics seraient condamnés par le parasitisme et les déficits.
- » Heureusement, il y a moins de passagers clandestins que de passagers en règle.

Voir aussi :

→ Tragédie des biens communs

23

THÉORÈME HOS

Le théorème HOS, ainsi nommé d'après les noms de ses auteurs (**Eli Heckscher**, **Bertil Ohlin** et **Paul Samuelson**), prolonge les théories des avantages absolus et relatifs de Smith et Ricardo. Son objet est d'expliquer les causes de l'existence pour un pays d'avantages absolus ou comparatifs. Avantages dus à la dotation en facteurs de production (travail, capital, terre), c'est-à-dire à la quantité de facteurs disponibles dans un pays. Plus un facteur de production est abondant, plus son prix est bas. La production sera donc relativement moins coûteuse et plus compétitive dans les échanges. Ainsi les pays disposant d'une forte population auront intérêt à se spécialiser dans les productions nécessitant beaucoup de travail et les pays disposant de beaucoup de capital dans celles nécessitant beaucoup de capital.

Le théorème de la dotation en facteurs de production

Le théorème HOS – ou théorème de la dotation en facteurs de production – semble avoir trouvé la clé de la spécialisation dans le commerce international : un pays doit ainsi se spécialiser dans la production qui demande le plus de facteurs dont le pays est abondamment doté.

Cette vision est restée au cœur des analyses du commerce international, le théorème étant considéré comme le « modèle standard » de la théorie économique du commerce international. Comme ses prédécesseurs, il confirme que le libre-échange mène à la réciprocité des avantages et à l'optimum économique.

Approfondissements et limites

Dans les années 1950, en analysant la structure du commerce international des États-Unis, **Wassily Leontieff** s'est rendu compte que les exportations de ce pays, riche en capital, contenaient beaucoup de facteurs travail, ce qui semble contredire le théorème HOS. C'est ce que l'on appelle le paradoxe de Leontieff. Celui-ci disparaît si l'on tient compte de la qualité des facteurs. Les États-Unis disposant de travail qualifié en quantité.

Le théorème de Rybczynski constate que la « dotation en facteurs » d'un pays n'est pas figée, elle peut changer, y compris rapidement (exemple : la Chine). Si, pour une raison ou une autre, la quantité d'un facteur augmente, la dotation en facteurs du pays va changer et provoquer une mutation de ses avantages commerciaux. Le théorème HOS est donc dynamisé. Les critères de spécialisation ne sont donc pas figés, un pays peut évoluer d'une spécialisation à une autre. Cette évolution peut être due à des comportements individuels (démographie, formation, investissements privés), mais aussi à l'action de l'État.

Les économistes du commerce international ont essayé d'imaginer les conséquences des choix des pays en termes de dotation en facteurs. Une première idée est celle de l'égalisation des prix des facteurs : si un facteur est moins cher parce qu'abondant, il fera l'objet d'une demande plus importante. Celle-ci, à terme, fera augmenter son prix et donc les critères de compétitivité seront modifiés.

Le théorème Stolper-Samuelson prévoit, pour sa part, une hausse des inégalités dans le pays qui se spécialise dans les biens de haute technologie qui demandent du travail qualifié, et une diminution dans celui qui a un avantage comparatif à produire des biens qui requièrent une main-d'œuvre peu qualifiée, mais abondante. Cela provoque une altération du partage de la valeur ajoutée dans les pays où le capital est abondant. La part du revenu national rémunérant le capital augmente et la part rémunérant le travail diminue.

Les inégalités tendent à se creuser. La mobilité des travailleurs étant limitée, il est probable qu'au lieu de changer de secteur d'activité ils soient poussés au chômage.

Cette hypothèse pose le problème des avantages réciproques : tous les pays, et toutes les catégories sociales, profitent-ils également des échanges ? Samuelson a beaucoup hésité sur cette question.

L'autre limite du théorème HOS tient au fait qu'il n'explique pas le développement du commerce intrabranche. Le fait, par exemple, qu'un pays importe et exporte des automobiles (cas de la France). Cette « anomalie » ne peut être expliquée que par une analyse de la demande et non de l'offre.

Théorème HOS

L'essentiel en 5 secondes

» Le théorème HOS explique la spécialisation internationale par la dotation en facteurs de production.

» Un pays qui a beaucoup de capital doit se spécialiser dans des productions à forte intensité capitalistique. Un pays qui a une population active importante doit se spécialiser dans des productions demandant beaucoup de travail.

» Cette analyse a dominé pendant longtemps les théories du commerce international. Elle subit néanmoins de nombreuses critiques.

24
THÉORIES DE L'INFLATION

L'inflation a été le grand fléau des économies occidentales depuis la fin des Trente Glorieuses et la crise de 1973. Accompagnée de la hausse du chômage, ce qui était considéré comme théoriquement impossible, elle a accouché d'un monstre appelé la « stagflation » (stagnation + inflation). La comprendre et la combattre a été la priorité des gouvernements occidentaux. Après beaucoup d'hésitations, c'est l'analyse de Milton Friedman qui s'est imposée.

Les approches traditionnelles

Généralement, les économistes ont eu tendance à expliquer l'inflation de trois manières : par l'offre, par la demande et par les structures.

Par l'offre

Dans un monde traumatisé par le choc pétrolier, le premier réflexe des économistes a été d'attribuer l'inflation à la hausse des coûts de production. Le pétrole d'abord, puis les matières premières, enfin les salaires. Bien qu'importante, la hausse du prix du pétrole n'expliquait que très partiellement les taux d'inflation qui atteignaient 15 % dans les pays développés, voire plus (en Angleterre et en Italie).

Par la demande

L'autre source de l'inflation invoquée a été la demande. Elle était d'ailleurs prévue et acceptée par les keynésiens qui voyaient dans la hausse des salaires et des dépenses publiques une manière de dynamiser l'économie. Dans le dilemme de la courbe de Phillips, l'inflation était préférable au chômage.

Par les structures

L'inflation étant devenue endémique, on a essayé d'expliquer l'inflation par les structures : monopoles et oligopoles fixant des prix élevés en dehors de tout contrôle, syndicats puissants transformant en hausse des salaires leurs revendications et patronat récupérant à coups de hausse de prix les hausses des salaires.

La dimension psychologique est aussi prise en compte : les agents intègrent l'inflation dans leurs comportements et la rendent endémique.

Ce n'est pas une théorie de l'inflation que l'on a, mais une inflation de théories.

La leçon de Friedman : l'alcoolisme et le NAIRU

Face à cette pléthore de théories, Milton Friedman va mettre tout le monde d'accord en affirmant de manière péremptoire que « l'inflation est partout et toujours un phénomène monétaire ». C'est le rappel de la bonne vieille loi de la théorie quantitative de la monnaie : si les prix augmentent, c'est parce que la masse monétaire augmente. Cette augmentation est de la responsabilité exclusive des banques centrales et des gouvernements. Limiter la création monétaire devrait être leur seul souci car l'inflation est le fléau économique fondamental qui entraîne tous les autres.

Un peu de technique

Friedman compare alors l'inflation à l'alcoolisme : à petites doses elle stimule, elle fait du bien, mais on s'habitue et les doses augmentent jusqu'à provoquer l'hébétude, et la cirrhose. Les gouvernements sont accusés d'avoir cru pouvoir combattre le chômage en acceptant l'inflation. En réalité, ils ont créé plus d'inflation et plus de chômage. Friedman critique sévèrement la courbe de Phillips : elle ignore qu'il existe le NAIRU (*Non accelerating inflation rate of unemployment*), c'est-à-dire le taux de chômage qui n'accélère pas l'inflation. Ce taux de chômage, de l'ordre de 5 %, est incompressible, on ne peut pas le faire baisser : c'est le taux de chômage naturel. Les gouvernements l'ont ignoré et ont essayé de faire baisser ce taux pour le ramener aux niveaux des Trente Glorieuses, qui étaient bien inférieurs. En 1969, le nombre de chômeurs en France était, tenez-vous bien, de 200 000 personnes ! Ce que l'on a pris pour une situation normale était en réalité une situation exceptionnelle.

En luttant contre le chômage à coups de politiques de relance, d'allocations et de hausses des salaires, les gouvernements, au lieu de soigner le mal, l'ont aggravé. La leçon de Friedman a été retenue. Depuis les années 1980, la lutte contre l'inflation par des politiques de rigueur monétaire et budgétaire est devenue la règle. On ne l'a mise entre parenthèses qu'après la crise des *subprimes*, lorsqu'un autre monstre a montré le bout de son nez : la déflation.

Théories de l'inflation

L'essentiel en 5 secondes

» Il n'y a pas une théorie de l'inflation, mais une inflation de théories.

» L'analyse monétariste et libérale de Friedman s'est imposée depuis les années 1980.

» La lutte contre l'inflation par la rigueur est devenue un des dogmes essentiels de nos gouvernements.

25

THÉORIE DE L'INNOVATION

Les théoriciens classiques et néoclassiques avaient de la croissance une vision mécaniciste : elle était perçue comme un phénomène alimenté par l'augmentation quantitative des facteurs de production et devant buter inévitablement sur les rendements décroissants de ceux-ci.

Joseph Aloïs Schumpeter bouleverse complètement la vision de la croissance. Dans la *Théorie de l'évolution économique* (1911), il met l'innovation au cœur de la croissance.

Selon lui, le capitalisme rompt avec l'économie stationnaire qui l'a précédé par trois nouveautés :

- la propriété privée ;
- l'innovation ;
- le crédit.

Au cœur de la dynamique capitaliste, il y a l'entrepreneur, « un homme au tempérament sanguin et à l'esprit constructif, jouant un jeu mixte d'adresse et de hasard » selon la définition de Keynes. C'est lui qui met en œuvre l'innovation.

Innovation et crédit vont de pair : l'entrepreneur innove et prend des risques, le banquier calcule et pondère. L'innovation peut prendre plusieurs formes :

- la fabrication d'un produit nouveau ;
- l'introduction d'une méthode de production nouvelle ;
- l'ouverture d'un nouveau débouché ;
- la conquête d'une nouvelle source de matières premières ;
- la mise en œuvre d'une nouvelle méthode d'organisation de la production.

L'innovation assure aux entrepreneurs un monopole temporaire qui leur permet de bénéficier d'une rente rétribuant leur prise de risque et leur permettant d'innover davantage et de profiter d'économies d'échelle. Ils profitent ainsi d'une productivité marginale des facteurs de production croissante. Selon Schumpeter, la situation de monopole temporaire n'est pas l'exception, mais la règle de fonctionnement du capitalisme.

Les grappes d'innovations

Un peu de technique

Au cœur de la théorie de Schumpeter, on trouve le concept de « grappes d'innovations ». Il ne s'agit pas seulement du foisonnement d'applications que génère toute innovation fondamentale (Internet, les microprocesseurs et leurs multiples utilisations). La mécanique des grappes d'innovations est autre : l'innovation dans un secteur économique crée des « goulots d'étranglement » et de la pénurie dans les secteurs économiques liés, en amont ou en aval. Par exemple, les progrès dans les méthodes de tissage ont provoqué une « pénurie de filés » puisque la filature ne pouvait pas... suivre. Les entrepreneurs ont donc été poussés à innover pour produire plus et ils y ont réussi. À ce moment-là, c'était le tissage qui n'allait pas assez vite... et ainsi de suite. Des phénomènes similaires se sont produits dans l'informatique entre les industries de logiciel et de matériel. L'enseignement de cette analyse est pour le moins révolutionnaire : le progrès technique n'est pas seulement à l'origine de la croissance, mais il en est aussi le résultat.

La destruction créatrice et les cycles

L'innovation a un impact ravageur : les entreprises qui ne peuvent pas suivre le rythme, notamment en baissant les prix, sont laminées par la concurrence et disparaissent. Le rythme de l'innovation impose sa cadence à l'économie : Schumpeter reprend l'idée des cycles longs de Kondratieff et les explique par les vagues d'innovations. Kondratieff voyait dans la création, puis l'usure et l'obsolescence des grandes infrastructures le moteur des cycles (aménagement foncier, canaux, chemins de fer). Schumpeter met l'accent sur les vagues massives d'innovations groupées autour d'une innovation fondamentale, comme la machine à vapeur qui a permis la Révolution industrielle ou le chemin de fer qui l'a généralisée.

Théorie de l'innovation

L'essentiel en 5 secondes

» L'innovation est au cœur de la dynamique économique.

» La croissance alimente les « grappes d'innovation ».

» L'innovation est le moteur des cycles économiques.

Voir aussi :

→ Théorie de la destruction créatrice

→ Théories des cycles

→ Théories de la croissance endogène

26
HYPOTHÈSE D'INSTABILITÉ FINANCIÈRE

Le problème de la finance et de l'impact de la Bourse sur l'économie est traditionnellement caractérisé par un affrontement entre les économistes libéraux et keynésiens. Les uns jugent que le marché financier est un marché comme un autre, capable de s'autoréguler. Les autres (sur les traces de Keynes et de J. K. Galbraith) pensent au contraire que la Bourse est le lieu où s'expriment les « esprits animaux » capables de comportements irrationnels pouvant entraîner la Bourse vers le krach et l'économie vers la crise comme en 1929.

Le paradoxe de la tranquillité

Dans les années 1980, **Hyman Minsky** a formulé l'hypothèse d'instabilité financière : il constate que le système financier alterne les phases de stabilité et d'instabilité ; le basculement de l'un à l'autre crée les cycles économiques d'expansion et de récession.

Un peu de technique

Dans *Stabilizing an Unstable Economy* (1986), Minsky considère que c'est la stabilité qui engendre l'instabilité (*paradoxe de la tranquillité*). Au début des phases d'expansion, les agents ont un comportement prudent et financent leurs investissements par leurs profits. L'expansion se prolongeant, et les profits devenant réguliers, les agents optent pour des comportements plus risqués : ils financent leurs investissements par le recours de moins en moins prudent à l'endettement. Ce qui favorise l'inflation et alerte les banques centrales qui augmentent les taux d'intérêt pour éviter la « surchauffe » de l'économie. Cette augmentation fragilise la situation des spéculateurs. On arrive inévitablement à ce que l'on appelle « le moment Minsky » : pris en tenaille entre leur endettement et des profits de plus en plus maigres, les investisseurs sont obligés de vendre massivement pour payer les intérêts de leur dette. Le marché s'effondre et le système tout entier se trouve compromis. À ce moment-là, seule l'intervention de la banque centrale peut éviter la catastrophe.

Elle doit injecter des liquidités dans l'économie pour sauver le système bancaire. C'est ce qui s'est passé pendant la crise des *subprimes* en 2008.

Des opérateurs sourds

On remarque que l'analyse de Minsky est entièrement fondée sur la prise en compte de la psychologie des opérateurs financiers : leur comportement est pollué par des biais cognitifs que l'économie comportementale a étudiés de très près au cours des dernières années.

L'aversion au risque est plus grande en période de crise, elle s'estompe en période d'expansion, faisant oublier toute prudence aux opérateurs. **Robert Shiller** (*Exuberence irrationnelle*, 2000) a démontré que les décisions d'investissement sont le plus souvent motivées par des émotions et non par des calculs rationnels. Il a multiplié les mises en garde à la veille de la crise des *subprimes* qu'il avait anticipée. On ne l'a pas entendu. Pourquoi ? Autre biais cognitif important : l'optimisme qui règne en période d'expansion (et l'argent gagné) fait que les opérateurs surestiment leurs capacités de jugement et ignorent toute critique.

Pour éviter que ces situations se reproduisent, Minsky souhaite que des réglementations strictes soient mises en place sur le modèle du Glass-Steagall Act (1933), qui séparait les activités bancaires de dépôt et d'investissement aux États-Unis et qui a contribué à une longue période de stabilité financière, jusqu'à son abolition en 1999, sous la présidence Clinton, par la volonté du secrétaire d'État au Trésor, Robert Rubin (ex-dirigeant de Goldman-Sachs).

Selon **Joseph Stiglitz** (prix Nobel 2001), l'abrogation de cette loi a été une des causes de la fragilisation du système bancaire américain, et cela a métamorphosé la culture de prudence des banques de dépôt en culture du risque des banques d'affaires. Mutation dont Goldman-Sachs est, d'ailleurs, le meilleur exemple.

Hypothèse d'instabilité financière

L'essentiel en 5 secondes

» Les marchés financiers sont par nature instables.

» La psychologie des opérateurs n'a rien de rationnel.

» À défaut de régulation, les crises boursières, comme celle des *subprimes*, sont inévitables.

Voir aussi :

→ Économie comportementale

27

INSTITUTIONNALISME

À la fin du XIXe siècle et au début du XXe, la vision des classes sociales et de leur comportement était dominée par l'idéal type du capitaliste protestant tel que Max Weber le décrit dans *Le Capitalisme et l'éthique protestante* : un homme entièrement voué au travail et à la réussite, ayant une éthique stricte de la vie avec une morale austère et un comportement quasiment ascétique.

La théorie de la classe de loisir

En 1899, **Thorstein Veblen** (1857-1929) publie *La Théorie de la classe de loisir*. Ce livre marque un tournant dans la compréhension de nos sociétés. Selon lui, l'homme est animé par des instincts qui le poussent à agir. L'instinct de travail, l'instinct de dévouement, mais également l'instinct prédateur.

N'oubliez pas

Un des ressorts les plus puissants, c'est l'imitation : chaque groupe social tend à calquer son mode de vie sur celui du groupe supérieur dans la hiérarchie sociale. Autrefois, les bourgeois imitaient les nobles. Plus récemment, les ouvriers imitent le mode de vie des employés, et les employés celui des cadres...

Veblen souligne la nouveauté que constitue l'oisiveté comme signe extérieur de réussite sociale. Ainsi, le loisir et le sport sont devenus objets de consommation ostentatoires (*conspicous consumption*). Le bronzage, qui autrefois marquait de son sceau infamant les malheureux obligés de travailler dehors, devient le signe de ceux qui peuvent se payer le luxe de partir en vacances, et donc de ne pas travailler.

La psychologie l'emporte sur la raison dans de nombreux domaines de consommation. Ainsi l'effet Veblen explique que, pour certains produits, plus le prix augmente, plus sa consommation augmente également. Cet effet concerne avant tout les classes aisées, mais l'exemple des vêtements de marque auprès des jeunes moins favorisés en est aussi une bonne illustration.

L'institutionnalisme

Sur les traces des travaux de Veblen s'est constituée au XXe siècle l'école de l'institutionnalisme. Pour **Willard Earl Atkins** (1889-1971), les comportements des groupes sociaux doivent être au centre de l'analyse économique.

- La vie économique est organisée par les coutumes, les habitudes, et les lois qui les entérinent.
- Les motivations des individus ne peuvent être mesurées quantitativement.
- Le comportement économique évolue constamment, les généralisations économiques ne doivent pas oublier les repères du temps et du lieu.
- L'économiste doit étudier les conflits au sein de la société, leurs origines et leurs mobiles.

John Rogers Commons (1862-1945), fondateur de l'institutionnalisme américain mettant en avant la volonté de réunir l'économie, le droit et l'éthique, a critiqué l'économie néoclassique qui se focalise excessivement sur les comportements individuels en oubliant :

- les institutions définies comme des « actions collectives » formelles (État, entreprises, syndicats) ou informelles (coutumes) ;
- les transactions par lesquelles les groupes sociaux négocient et échangent.

Partisan d'un capitalisme du dialogue entre patronat et syndicats, Commons fut à l'origine d'une des premières législations sur l'indemnisation du chômage en 1932.

Joseph Schumpeter, souvent réputé inclassable, a une démarche que l'on peut assimiler à l'institutionnalisme (rôle de l'entrepreneur).

Le néoinstitutionnalisme

Ronald Coase, Oliver Williamson et Elinor Ostrom, qui ont partagé le prix Nobel 2009, se situent dans une démarche néoinstitutionnaliste par leurs études des coûts de transaction ou de la gestion des biens communs.

Institutionnalisme

L'essentiel en 5 secondes

- L'institutionnalisme rompt avec la vision de l'économie fondée sur l'individualisme méthodologique.
- Il prend en compte les données psychologiques et culturelles de l'action des groupes sociaux.
- Il a permis une compréhension plus riche et nuancée de l'économie et de la société.

28
THÉORIE DES JEUX

Dans la théorie économique classique, l'agent économique (*homo œconomicus*) est considéré comme rationnel et capable d'opérer des choix univoques. Le bon choix est unique. La science économique traditionnelle, quant à elle, estimait les individus et les entreprises comme isolés et incapables d'avoir un quelconque impact sur les décisions des autres : c'est le critère d'atomicité du marché. On sait qu'aujourd'hui beaucoup de marchés ne mettent en présence qu'un nombre limité de vendeurs. On voyait également le marché comme étant parfaitement transparent. L'information, parfaite, serait à la portée de tous, sans coût.

Tous ces critères sont irréalistes. Si on les écarte, de nouveaux horizons s'ouvrent.

La théorie des jeux montre que la réalité est tout autre, car le choix de chacun dépend souvent des choix des autres agents. Cela est particulièrement vrai dans le domaine de la concurrence, surtout en situation d'oligopole.

Une nouvelle perspective

Les décisions des différents agents ont une conséquence sur celles des autres agents. Dès lors, le choix de l'individu, ou de l'entreprise, doit être analysé en termes de jeu. On peut considérer une situation économique comme un jeu :

- si elle met en présence plusieurs acteurs (joueurs) ;
- s'il existe plusieurs choix possibles (stratégies) ;
- si des issues différentes existent selon les choix opérés (gains).

Les « jeux » sont envisagés sous deux formes :

- les jeux coopératifs, si on imagine que des ententes peuvent exister entre joueurs. C'est l'idée que développent John von Neumann (1903-1957) et

Oskar Morgenstern (1902-1977) dans *Théorie des jeux et du comportement économique* (1944) ;

» les jeux non coopératifs, s'il n'y a pas d'entente (théorie de John Forbes Nash, 1928-2015).

La théorie des jeux permet la construction d'une matrice des gains, qui devient un outil précieux d'aide à la décision. La matrice des gains indique le gain ou la perte de chaque joueur pour chaque combinaison de stratégies. Elle peut comporter un point d'équilibre (ou « équilibre de Nash ») lorsque, compte tenu de la stratégie de l'autre, le choix de chacun des deux joueurs est gagnant. Dans ce cas, les choix sont facilement identifiés et il n'y a pas d'hésitation sur la stratégie à suivre. On parle alors de stratégie dominante. (La vie de John Nash a fait l'objet du film, *A Beautiful Mind,* en 2001.)

L'impact

La théorie des jeux a un impact ravageur dans la théorie économique. Elle détruit la base même du credo libéral : la coïncidence des intérêts individuels et collectifs. Elle montre que la rationalité individuelle n'est pas compatible avec l'optimum collectif. Voici deux exemples.

Le dilemme du prisonnier

Deux suspects sont arrêtés par la police. En l'absence de preuves formelles, on leur propose un marché : « Si tu dénonces ton complice et qu'il ne te dénonce pas, tu seras remis en liberté et l'autre écopera de dix ans de prison. Si tu le dénonces et lui aussi, vous écoperez tous les deux de cinq ans de prison. Si personne ne se dénonce, vous aurez tous deux six mois de prison. »

La solution logique (la stratégie dominante) pour les deux est de se dénoncer mutuellement. Ils vont donc écoper de cinq ans de prison chacun. Or, si aucun n'avait dénoncé l'autre, ils n'auraient écopé que de six mois chacun.

Ainsi, lorsque chacun poursuit son intérêt individuel, le résultat obtenu n'est pas optimal. En clair, le marché ne donne pas la meilleure solution possible.

Le prix de la paix

Un autre exemple encore plus simple : deux pays doivent choisir de créer une armée ou pas. Le but de chacun est de se protéger d'une éventuelle attaque de l'autre. La logique voudrait qu'aucun des deux ne choisisse de dépenser de l'argent et que la paix soit obtenue « gratuitement ». Comme on ne connaît pas la décision de l'autre (on est en situation de jeux non coopératifs), la décision logique pour chacun sera de s'armer et de financer une armée qui ne servira à rien. Conclusion : on aura la paix, mais avec un gaspillage de ressources.

La théorie des jeux en pratique

Aujourd'hui, la théorie des jeux est mise à contribution dans de nombreux domaines : l'économie, bien entendu, notamment pour l'étude des stratégies des entreprises dans des situations d'oligopole, mais aussi dans les domaines politique (analyse des choix des électeurs, théories de la justice sociale), militaire et diplomatique (stratégie des conflits et des négociations). Les prix Nobel 2005, **Robert Aumann** (né en 1930) et **Thomas Schelling** (né en 1921), ont travaillé dans ce dernier domaine.

Les enseignements que les économistes ont tirés de la théorie des jeux sont redoutables pour la science économique traditionnelle et pour l'idée centrale que la poursuite des intérêts individuels mène à l'optimum collectif.

Théorie des jeux

L'essentiel en 5 secondes

» La théorie des jeux analyse le comportement économique comme une stratégie comportant une possibilité de gains ou de pertes.

» La rationalité économique des agents ne s'exerce pas dans l'absolu, mais doit prendre en compte la stratégie des autres agents.

» La théorie des jeux prouve que l'intérêt collectif et l'intérêt individuel ne coïncident pas forcément.

29
LE MODÈLE IS-LM

Le modèle IS-LM proposé par **John Hicks** (1904-1989) est largement inspiré par la théorie keynésienne, il est en quelque sorte la synthèse formalisée de la théorie générale. Il a servi de base à la plupart des modèles macroéconomiques utilisés dans l'après-guerre.

Hicks propose ainsi un modèle qui pose la question de l'intervention publique : quelles politiques économiques pour le plein-emploi ? Ses travaux se concentrent en particulier sur le rôle des politiques monétaire et budgétaire. Ces dernières ont un impact qui peut être reflété par le déplacement des courbes IS et LM.

Un peu de technique

IS-LM

I : investissement

S : épargne (*saving* en anglais)

L : demande de liquidités

M : offre de monnaie

Fig. 1

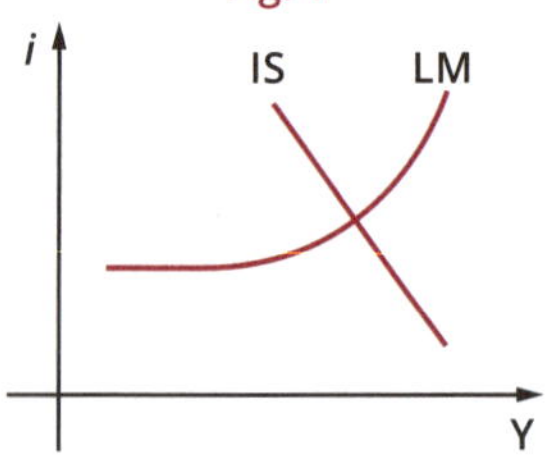

Fig. 2

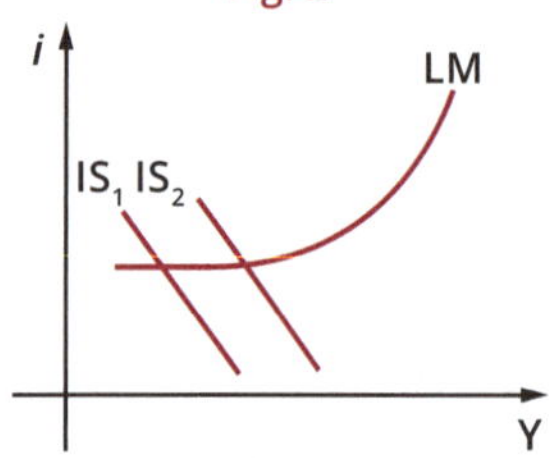

Fig. 3

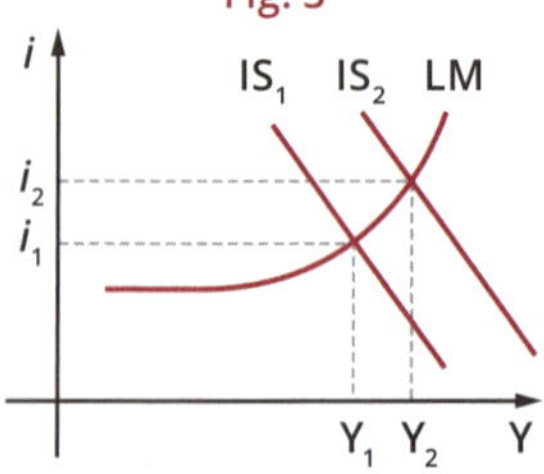

Fig. 4

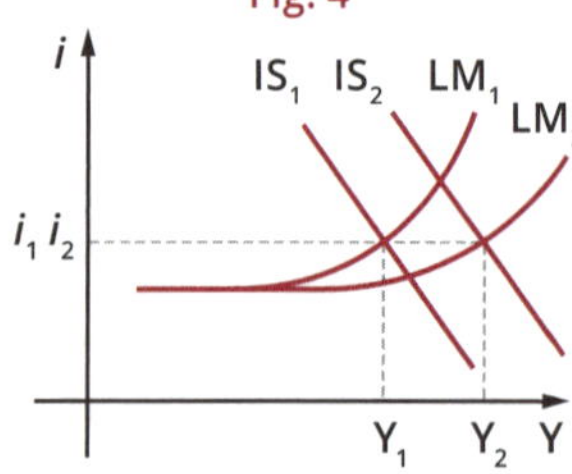

La courbe IS

On représente généralement le modèle IS/LM ainsi (Fig. 1) : on met en relation le niveau du revenu global (Y) avec le taux d'intérêt (i). Le revenu correspond au produit intérieur brut (PIB).

La courbe IS (I = Investissement/S = épargne) retrace toutes les situations d'équilibre du marché de l'épargne où I est égal à S. Elle est décroissante car une hausse du taux d'intérêt réduit la demande globale (en freinant l'investissement et la consommation) et, par là même, le PIB. Une baisse du taux d'intérêt provoque l'augmentation de l'investissement et donc, en raison du multiplicateur keynésien, une hausse du revenu.

La courbe LM

La courbe LM (L = demande de liquidités/M = offre de monnaie) retrace toutes les situations d'équilibre sur le marché monétaire. Elle est croissante car une augmentation du PIB fait augmenter la demande de monnaie. L'offre de monnaie étant constante (son niveau est déterminé par la banque centrale), le prix de la monnaie va augmenter.

La partie « plate » de la courbe LM représente la « trappe à liquidités » : lorsque le taux d'intérêt est très bas, il y a un phénomène de thésaurisation (« préférence pour la liquidité »).

Les politiques économiques

À partir de là, on peut représenter graphiquement les politiques économiques.

> » Fig. 2 : Le gouvernement pratique une politique de relance, la courbe IS se déplace vers la droite, mais la trappe à liquidités absorbe cette injection.

- Fig. 3 : Le gouvernement pratique une politique de relance qui provoque une augmentation des taux d'intérêt risquant de bloquer l'investissement.
- Fig. 4 : Le gouvernement pratique, en même temps, une politique de relance budgétaire et une politique monétaire expansive. Le revenu national augmente dans la stabilité des taux d'intérêt.

Ce modèle a été conçu dans le cadre d'une économie fermée, sans prendre en compte le commerce international. Le modèle de Mundell-Fleming (modèle IS/LM en économie ouverte) intègre, quant à lui, les exportations et les importations, ainsi que les taux de change, fixes ou variables.

Le modèle IS-LM

L'essentiel en 5 secondes

- Le modèle IS-LM est le résultat formalisé de la théorie keynésienne.
- L'État peut, et doit, piloter l'activité économique.
- La meilleure manière est de coordonner la politique budgétaire et la politique monétaire.

30

THÉORIE KEYNÉSIENNE

Formulée dans l'entre-deux-guerres, notamment après la grande crise de 1929, la théorie keynésienne a dominé la pensée et l'action économiques jusqu'à la fin des années 1970. Elle est entrée en crise en même temps que le système de l'État providence dont il était la base.

La révolution keynésienne

Dans la *Théorie générale de l'emploi, de l'intérêt et de la monnaie* (1936), **John Maynard Keynes** a opéré une véritable révolution théorique. Face à une pensée libérale malmenée par la tragédie des années 1930, il a réinventé l'économie et la politique économique.

Un peu de technique

Les éléments clés de cette révolution sont les suivants :

- Une approche macroéconomique. La révolution keynésienne est avant tout une révolution scientifique : pour la première fois, l'économie est analysée dans son ensemble (d'où l'appellation théorie générale) sur la base de grands agrégats (demande, investissement, dépenses publiques). C'est l'invention de la macroéconomie. Jusque-là, les libéraux ne s'intéressaient qu'aux agents pris individuellement (l'entreprise, le consommateur) ; ils faisaient de la microéconomie. La somme du tout était laissée aux bons soins de la « main invisible ».
- Le marché ne s'autorégule pas. Keynes brise le dogme absolu de l'autorégulation du marché.
- La monnaie n'est pas neutre. Un autre dogme libéral est brisé. La monnaie participe aux déséquilibres économiques. L'État peut s'en servir comme outil de pilotage économique.
- Le rôle central de la demande. Keynes renverse la logique libérale de Jean-Baptiste Say qui donnait à l'offre, donc à la production et aux entreprises, le rôle de moteur de l'économie. Selon Keynes, c'est la demande qui commande. Sans demande, pas de production et pas d'emploi. D'où l'idée de fixer un salaire minimum et des allocations chômage.

» L'intervention de l'État est inévitable et salutaire. Lorsque l'économie est en récession, l'État doit relancer l'économie par des dépenses publiques sous n'importe quelle forme (Keynes dit qu'on pourrait très bien embaucher des gens pour creuser des trous et les reboucher) mais, tant qu'à faire, autant réaliser de grands travaux publics : routes, écoles, barrages.

Sur la base de cette révolution, les disciples de Keynes sont devenus maîtres de la science économique dans les années 1950-1960. On a vécu ainsi dans l'illusion d'un pilotage « infaillible » de l'économie par l'État.

La crise du keynésianisme

À partir des années 1970, on assiste à deux phénomènes parallèles : d'une part, les politiques économiques d'inspiration keynésienne montrent leurs limites, de l'autre, au niveau académique, les tenants du libéralisme s'emparent progressivement de la « science économique ».

Objet de débat

L'échec pratique le plus important a été l'impuissance des keynésiens à expliquer des phénomènes comme la stagflation. Les recettes de stimulation de la demande n'ont pas permis une quelconque sortie de crise, au contraire, elles semblent l'avoir aggravé. L'État, véritable *deus ex machina* pour les keynésiens, a dû jeter l'éponge.

D'un point de vue académique, les dernières décennies ont été une Bérézina pour les disciples de Keynes. Les différentes écoles libérales ont malmené le keynésianisme académique. C'est un échec pratique et un échec théorique. Les prix Nobel sont trustés par les libéraux.

La dernière expérience de politique keynésienne fut celle de Pierre Mauroy, entre 1981 et 1983. La crise des *subprimes* qui a souvent été présentée comme la crise du libéralisme n'a pas provoqué un retour du keynésianisme, bien que quelques-unes de ses recettes aient été utilisées.

Le cheval de bataille des keynésiens a toujours été de proposer le lancement « de grands chantiers » pour relancer l'activité. Les Espagnols, les Grecs, les Portugais se sont mis à ces grands chantiers, il en reste des villes fantômes, des aéroports désaffectés, des stades olympiques vides.

Théorie keynésienne

L'essentiel en 5 secondes

- Keynes a totalement révolutionné la science économique.
- Le keynésianisme a imposé une vision de l'économie où l'État gère le bien commun.
- Ce modèle a connu une crise sévère et est progressivement abandonné.

Voir aussi :

→ Modèle IS/LM

→ Courbe de Phillips

→ Anticipations rationnelles

31
COURBE DE LAFFER

« Trop d'impôt tue l'impôt » : cette maxime bien connue résume la découverte d'Arthur Laffer énoncée dans les années 1970 sous la forme de cette célèbre courbe.

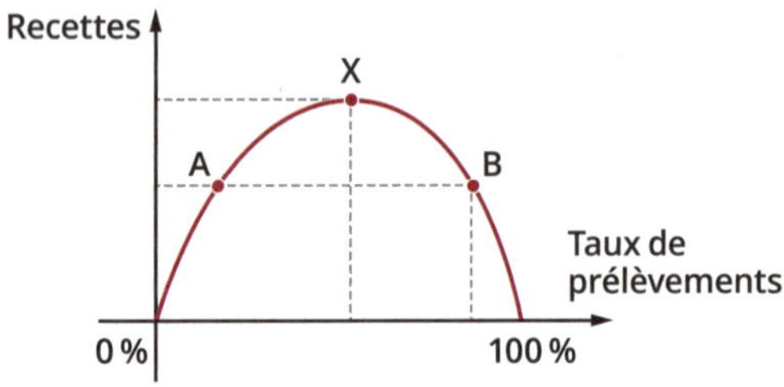

Un peu de technique

Sur l'axe horizontal, on trouve le taux de prélèvements obligatoires qui va de 0 (aucun impôt) à un hypothétique 100 % (la totalité du revenu est prélevée).

Sur l'axe vertical sont rapportées les recettes fiscales. On constate qu'au-delà du point X, l'augmentation du taux de prélèvements provoque une baisse des recettes et non plus leur augmentation (« les hauts taux tuent les totaux »). Au point B, avec un taux de prélèvements excessif, on a les mêmes recettes qu'au point A, avec des taux beaucoup plus bas.

Cette baisse peut être expliquée par le développement de la fraude fiscale (travail au noir, dissimulation de revenus), voire par une baisse délibérée des revenus de la part de ceux qui peuvent les moduler (professions libérales). Ainsi certains pourraient « gagner plus, en gagnant moins » : en évitant, par exemple, de franchir le seuil d'une tranche d'imposition supérieure.

Depuis les années 1980, la courbe de Laffer est le symbole de la « révolte fiscale » et de la volonté libérale, inlassablement répétée, de réduire le poids de l'État et des prélèvements obligatoires.

Sur la base d'une idée de **Milton Friedman**, on a popularisé le concept de « *l'independance day* » : le jour de l'année à partir duquel on cesse de travailler « pour l'État ».

Une recette miracle

La courbe de Laffer n'a rien de scientifique (elle aurait été tracée sur la nappe d'un restaurant), mais elle traduit de manière frappante un dogme que les économistes libéraux ne cessent de répéter depuis deux siècles. J.-B. Say déjà disait « qu'un impôt exagéré détruit la base sur laquelle il porte ». Et Smith d'ajouter :

« L'impôt peut entraver l'industrie du peuple et le détourner de s'adonner à certaines branches de commerce ou de travail, qui fourniraient de l'occupation et des moyens de subsistance à beaucoup de monde. Ainsi, tandis que d'un côté il oblige le peuple à payer, de l'autre il diminue ou peut-être anéantit quelques-unes des sources qui pourraient le mettre plus aisément dans le cas de le faire. » (*La Richesse des nations*, 1776.)

N'oubliez pas

La courbe de Laffer contient, en filigrane, une sorte de recette miracle : si l'État a poussé les prélèvements au-delà du point X et si l'on baisse le taux de prélèvements obligatoires, on obtient... une hausse des recettes fiscales. Cette manipulation vertueuse pourrait agir sous plusieurs formes : diminution de la dissimulation fiscale, plus grande incitation à gagner plus, retour des capitaux ou de revenus ayant migré à l'étranger... Là aussi on retrouve un grand nombre de « recettes » non fiscales mais politiques.

Qu'en est-il en réalité ?

La baisse des impôts est devenue un dogme universel et ses effets stimulants sur l'économie ont été démontrés (de Reagan à Trump...). Il serait osé de croire que le niveau d'activité et le dynamisme d'une société dépendent principalement d'une faible charge fiscale. Pendant les Trente Glorieuses, les taux d'imposition extrêmement élevés n'ont en rien inhibé la croissance. Bien d'autres facteurs entrent en ligne de compte : la confiance dans l'avenir, le contexte économique général, la prise de risque des investisseurs.

Ce qui est beaucoup moins sûr, c'est l'effet positif d'une baisse des impôts sur les recettes publiques et l'éventuel rééquilibrage des comptes de l'État : le miracle ne s'est pas produit et les baisses d'impôts se sont inévitablement accompagnées de la baisse des dépenses publiques, seule manière de rééquilibrer le budget.

Sous des apparences scientifiques, la courbe de Laffer est symptomatique d'une psychologie, sorte de lieu commun partagé par le plus grand nombre, celle du ras-le-bol fiscal.

Ce « biais cognitif » élude totalement une véritable réflexion sur le rôle de l'État. Chacun se plaignant de trop lui donner et de ne pas assez recevoir. Les théories de la croissance endogène qui mettent l'État au centre de la dynamique économique « invisible », mais bien réelle, n'en méritent que davantage d'attention.

RÉDUIRE L'IMPÔT ?

Dans la réforme fiscale réclamée à cor et à cri par les économistes de l'offre, deux idées sont mises en avant :

- la réduction du poids global des prélèvements ;
- la réduction ou l'abolition de la progressivité de l'impôt, considérée comme particulièrement injuste et pénalisante pour les hauts revenus, qui sont ceux qui se réinvestissent le plus (l'idéal étant de créer une *flat tax* – une taxe « plate » – à taux unique et bas, 7 % par exemple, et à l'assiette évidemment élargie).

Aucun gouvernement n'est allé aussi loin, mais tous suivent la même optique : diminuer le nombre de tranches d'imposition, ce qui signifie diminuer la progressivité de l'impôt.

Courbe de Laffer

L'essentiel en 5 secondes

- » La courbe de Laffer montre que « trop d'impôt tue l'impôt ».
- » Elle justifie le ras-le-bol fiscal et les politiques, partout invoquées, de baisse des prélèvements obligatoires.
- » La baisse des impôts dynamise l'économie, mais ne rétablit pas l'équilibre budgétaire.

32
LIBÉRALISME

Le terme « libéralisme » couvre un champ de significations très large et variable selon les pays : *liberal* aux États-Unis signifie « progressiste ».

Au sens économique, le libéralisme est l'idéologie qui défend la liberté individuelle, le rôle prépondérant du marché et le rôle limité de l'État.

N'oubliez pas

C'est la théorie qui domine la pensée économique depuis le XIXe siècle. Après une brève éclipse au temps du keynésianisme, elle est revenue aux affaires. Aujourd'hui, c'est elle qui régit le monde. La crise de 2008 n'a pas remis en cause sa domination bien qu'elle ait semblé, un moment, la compromettre.

La saga théorique du libéralisme

La saga théorique libérale a été fondée par ceux qu'on appelle les « classiques » : **Adam Smith**, **David Ricardo**, **Jean-Baptiste Say**. Ils ont les premiers souligné l'importance de la liberté d'entreprendre et de commercer. Adam Smith (1723-1790) est le père fondateur de l'économie moderne et la référence incontournable des libéraux. Dans *La Richesse des nations* (1776), il fait l'éloge de la spécialisation et du libre-échange. Le marché est capable de combiner égoïsme individuel et bien-être collectif grâce à la main invisible.

Au XIXe siècle, les « néoclassiques » (**Léon Walras**, **Alfred Marshall**, **Vilfredo Pareto**) ont utilisé les outils mathématiques pour analyser les mécanismes du marché et l'optimum économique. Leur outil préféré étant le calcul différentiel (« à la marge »), on les appelle également les « marginalistes ». Avec eux apparaît la « science économique ».

Au XXe siècle, la pensée libérale s'est structurée autour de l'œuvre de deux géants : Milton Friedman et Friedrich August von Hayek. Ils se sont opposés violemment à Keynes.

La pensée libérale au xxe siècle

L'école autrichienne est représentée par Carl Menger, Böhm-Bawerk, Eugen von Mises et surtout Friedrich von Hayek. Au départ opposée aux méthodes et aux recherches marginalistes sur un équilibre imaginaire et irréalisable, elle s'intéresse plus à la dynamique et aux mobiles psychologiques de l'action. En se développant dans divers pays, cette école est devenue une des branches les plus dures du libéralisme. Murray Rothbard aux États-Unis ouvre la voie aux libertariens.

Les monétaristes Irving Fisher et surtout Milton Friedman accordent une importance extrême aux phénomènes monétaires et à la politique monétaire qui doit être la seule préoccupation de l'État. Friedman préconise une règle fixe pour la croissance de la masse monétaire, à inscrire dans la Constitution, les taux d'intérêt étant fixés par la loi de l'offre et de la demande.

Pendant les Trente Glorieuses, les économistes de la synthèse (Robert Solow, Paul A. Samuelson, Robert Mundell) ont essayé d'intégrer quelques leçons de la macroéconomie keynésienne au corpus libéral.

Objet de débat

Au cours des dernières décennies, la pensée libérale s'est imposée et a multiplié ses angles d'attaque :

- Les économistes de l'offre (George Gilder, Arthur Laffer) dénoncent violemment les politiques de répartition et les impôts qui les financent. « Qu'est-ce que l'État doit faire pour les pauvres ? Rien » (Gilder)
- L'école du public choice (James Buchanan, Gordon Tullock) applique à la vie politique les méthodes de l'analyse économique et dénonce le mythe de l'État dépositaire du bien-être commun.
- Les libertariens, dont le propre fils de Milton Friedman, David, est le chef de file, poussent la critique de l'État jusqu'à sa dernière limite : l'État est totalement inutile, on pourrait très bien s'en passer.

Il faut ajouter le rôle très important joué par une cohorte fournie de « vulgarisateurs » : **Ayn Rand**, romancière, essayiste, scénariste, mérite une mention particulière. Dans ses romans, vendus à des millions d'exemplaires, elle fait l'éloge de l'individualisme le plus radical et critique violemment l'État et toute idée de solidarité sociale. Son roman *La Grève* (*Atlas Shrugged*, 1957) a été classé par la bibliothèque du Congrès comme le deuxième livre ayant le plus influencé la vie des Américains derrière... la Bible !

La NEC (« nouvelle école classique »), représentée par Robert Lucas, Finn Kydland, Edward Prescott, Thomas Sargent et Robert Barro, a mis au service des idées libérales des modèles mathématiques d'une sophistication extrême et a monopolisé les prix Nobel d'économie pendant des décennies.

Les piliers théoriques du libéralisme

Au bout de deux siècles de travail théorique, le corpus idéologique se concentre autour des points suivants :

- Le libéralisme est profondément individualiste et attaché à la propriété privée et à la liberté d'entreprise. L'individu est considéré comme rationnel et responsable de ses actes et de son destin (théorie du capital humain de Gary Becker, 1964).
- Le libéralisme se méfie de l'État et dénonce la taxation excessive. L'État ne doit s'occuper que de la gestion de la monnaie, de la Justice, de la Défense. L'assistanat est inutile, voire dangereux.
- Le libéralisme croit aux vertus du marché et de la libre concurrence.

Dans le domaine économique, le libéralisme peut assumer plusieurs sens :

- Au sens commercial, il sera opposé à toute forme de contrôle des échanges et du marché, il condamne le protectionnisme...

- Au sens social, le libéralisme s'oppose à toute réglementation excessive, du marché du travail par exemple, mais également à un excès de protection sociale.
- Dans le domaine fiscal, il condamne toute taxation excessive. L'idéal étant la « *flat tax* » prônée par Friedman.

Ces idées ont profité de la faillite du communisme et des échecs du keynésianisme pour s'imposer depuis les années 1980.

Le consensus de Washington (là où siègent la FED – la Réserve fédérale – et le FMI – Fonds monétaire international) est le nom donné aux principes économiques qui font l'unanimité auprès de la plupart des gouvernements occidentaux et des grandes organisations internationales. C'est le credo économique du monde actuel sur lequel se fondent les recettes de politique économique dominantes :

- discipline budgétaire stricte ;
- lutte contre l'inflation ;
- privatisations ;
- libéralisation des échanges de capitaux et de marchandises.

Depuis la crise des *subprimes* et la généralisation de politiques de rigueur en Europe, le dogme libéral suscite de plus en plus de contestations. Le *Financial Times* a écrit : « Retenez la date du vendredi 4 mars 2008, ce jour-là, le rêve d'un capitalisme global de libre entreprise est mort. » Non seulement le libéralisme n'est pas mort, mais en plus, comme disait Margaret Thatcher, « *There is no Alternative* ».

Libéralisme

L'essentiel en 5 secondes

» Le libéralisme domine la pensée économique depuis deux siècles, il s'enrichit et se diversifie à chaque nouvelle génération d'économistes.

» Le dogme est toujours le même : plus de marché, moins d'État.

» Bien que durement atteint par la crise de 2008, le libéralisme est solide comme un chêne et se porte comme un charme.

Voir aussi :

→ Loi de l'offre et de la demande

→ Théorie de la concurrence pure et parfaite

→ Théorie quantitative de la monnaie

33
THÉORIE MALTHUSIENNE

Thomas Robert Malthus (1766-1834) est un des rares économistes à avoir donné son nom à une école de pensée. Bien que durement contredit par les faits, le malthusianisme a eu un impact très important dans l'histoire économique et continue d'être largement partagé.

Un constat catastrophiste

Dans l'*Essai sur le principe de population* (1798), Malthus dresse un tableau simple et alarmant de la situation de l'humanité. La population augmente plus vite que les subsistances.

Un peu de technique

L'accroissement des ressources se fait au mieux selon un rythme arithmétique (2, 4, 6, 8, 10...), alors que la croissance de la population humaine suit un rythme géométrique (2, 4, 8, 16, 32...). « Au bout de deux siècles, écrit Malthus, la population et les moyens de subsistance seront dans le rapport de 256 à 9 ; au bout de trois siècles de 4 096 à 13 ; après deux mille ans, la différence sera incalculable. » L'aboutissement de cette malédiction ne peut être que catastrophique : famines, guerres, épidémies. « Au banquet de la nature », les places sont comptées...

N'oubliez pas

Si l'on ne veut pas que la nature règle ce problème de manière cruelle, il n'existe qu'une solution : limiter le nombre de naissances. L'Occident est peu à peu devenu malthusien et la natalité s'est effondrée au XXe siècle malgré l'épisode du baby-boom des années 1950 et 1960. Dans la deuxième période d'après-guerre, le malthusianisme a totalement phagocyté le problème du sous-développement. On a considéré que le tiers monde était avant tout condamné à la misère à cause d'une natalité exubérante. Beaucoup de gouvernements ont donc mis en place des politiques malthusiennes, souvent d'une extrême violence (Inde, Chine). Aujourd'hui encore, le malthusianisme est sous-jacent dans les théories de la décroissance et se lit en filigrane dans les analyses écologistes. L'idée d'une planète incapable de nourrir une humanité débordante fait partie des lieux communs les plus fréquentés : « Si ça continue comme ça, il nous faudrait deux (ou trois ou quatre) planètes. »

Le plus inhumain des contresens

Malgré l'opinion communément admise, l'histoire récente de l'humanité contredit totalement les analyses et les perspectives catastrophistes de Malthus. Depuis le XVIIIe siècle, c'est même exactement le contraire qui s'est produit : la croissance des richesses a toujours été plus importante que celle du nombre d'hommes. Malthus avait tort face à la maxime de Jean Bodin (1530-1596) qui affirmait : « Il ne faut jamais craindre qu'il y ait trop de sujets, trop de citoyens : vu qu'il n'y a richesse, ni force que d'hommes. »

Les analyses de l'économiste danoise **Ester Boserup** (1910-1999) se situent aux antipodes du spectre malthusien. Dans *The Conditions of Agricultural Growth* (1965), elle démontre que l'augmentation de la population exerce une « pression créatrice » qui a toujours été le moteur de l'innovation agricole, et donc du processus qui a abouti à la croissance moderne. **Peter Drucker** et **Simon Kusnetz** voient d'ailleurs dans la pression démographique le ressort principal de l'innovation en général.

André Piettre a sévèrement jugé le malthusianisme dans lequel il voyait « le plus inhumain des contresens » puisqu'il a couvert des attitudes, si ce n'est racistes, du moins antihumanistes, une philosophie pour laquelle réduction des naissances rime avec réduction des nuisances. L'erreur du malthusianisme, cela arrive parfois en économie, c'est d'avoir confondu les causes et les effets. On croit que c'est la réduction de la croissance de la population qui a permis l'enrichissement des pays, or, c'est exactement l'inverse : c'est bien parce que les pays se sont enrichis que la natalité a baissé.

Ce fut le cas pour les pays européens comme pour tous ceux qui accèdent au développement. Reste à expliquer pourquoi il a existé et il existe (de moins en moins, heureusement) des famines. Le prix Nobel **Amartya Sen** l'a fait (*Pauvreté et Famines*, 1982) en montrant que les famines ne sont jamais le produit d'une carence absolue de moyens de subsistance, mais le produit d'une mauvaise répartition de celles-ci et donc de problèmes de nature politique. Il considère que, pour réduire ce risque, il faut encourager le contrôle démocratique des gouvernements, car « les démocraties ne connaissent pas de famines ».

Les économistes devraient se méfier des extrapolations hâtives et se contenter, comme le conseille **Esther Duflo**, prix Nobel 2019, d'être plus proches « d'un plombier que d'un physicien qui cherche à dégager les grandes lois du monde ».

« Il faut arrêter de penser à la pauvreté comme un grand problème avec de grandes solutions. Si on demande au plombier de réparer toute la maison, on n'y arrivera pas. Mais s'il répare les fuites et que le toit est bien fait, on peut parvenir à quelque chose. » (Esther Duflo)

Théorie malthusienne

L'essentiel en 5 secondes

- » Malthus a énoncé une malédiction : si les hommes sont trop nombreux, ils sont condamnés à la famine.
- » Cette malédiction n'a aucune réalité scientifique ni historique.
- » Le malthusianisme est « le plus inhumain des contresens ».

34
THÉORIE DES MARCHÉS EFFICIENTS

Un marché qui fonctionne normalement est un marché capable de donner le vrai prix des choses. Le prix est l'alpha et l'oméga de l'économie ; c'est lui qui détermine la consommation et la production, l'épargne et l'investissement.

Le juste prix

S'agissant des marchés financiers, la question est critique tant d'un point de vue opérationnel (il en va de la réussite des opérateurs) que de celui de l'impact de la Bourse sur l'économie globale.

Dans un article célèbre de 1970 (« *Efficient Capital Markets : A Review of Theory and Empirical Work* »), **Eugene Fama** affirma : « Le tout premier rôle du marché du capital est d'affecter la détention du stock de capital de l'économie. En termes généraux, l'idéal est un marché dans lequel les prix fournissent des signaux appropriés (*accurate*) pour l'affectation des ressources. » En clair, cela signifie que les marchés sont efficients, qu'ils sont capables de donner le « vrai » prix des valeurs mobilières puisque celui-ci reflète toujours et pleinement les informations disponibles. Un marché efficient est donc « un marché dans lequel les prix "reflètent pleinement" et toujours l'information disponible ».

Peut-on alors considérer que les variations des cours boursiers « reflètent pleinement » celles de ces prix sous-jacents, en rapport avec les « fondamentaux » de l'économie ? Répondre « non » à cette question revient à admettre la possibilité de bulles et, plus généralement, de mouvements erratiques des cours qui les empêchent d'envoyer des signaux « appropriés pour l'affectation des ressources ».

Selon cette hypothèse, un investisseur quelconque ne peut pas penser à battre régulièrement le marché et les ressources qu'il emploie pour analyser, choisir et négocier des titres sont gaspillées. Il est préférable d'adopter une stratégie passive en détenant simplement le portefeuille du marché.

L'hypothèse de l'efficience des marchés financiers (EMH) dans les années qui suivirent sa découverte fut un succès à la fois théorique et empirique. De nombreuses branches de la finance, telles que l'analyse de sécurité, se sont appuyées sur l'EMH.

L'échec

Dans les trente années qui vont de 1987 à 2008, la multiplication de krachs boursiers a mis à mal la théorie des marchés efficients. Ces crises ont montré que les marchés financiers pouvaient s'écarter de manière significative et durable de leur hypothétique efficience. De toute évidence, dans les périodes d'exubérance tout comme dans les périodes d'effondrement des marchés, les prix des actifs mobiliers n'avaient plus rien à voir avec l'efficience. Face aux analyses de Fama, les découvertes de l'économie et de la finance comportementale ont marqué inévitablement des points.

Fama a donc sous-estimé la dimension psychologique, voire émotive, des marchés financiers. L'hypothèse de l'efficience de ces marchés est désormais contestée tant dans ses bases théoriques que dans ses applications empiriques. Fama a toutefois désespérément persisté dans ses analyses. Selon lui, les krachs boursiers sont la preuve qu'il est impossible de « battre les marchés » et la vraie raison de la crise des *subprimes* est l'intervention de l'État avec la politique consistant à vouloir à tout prix que les ménages deviennent propriétaires de leur logement.

Théorie des marchés efficients

L'essentiel en 5 secondes

» Un marché efficient est un marché qui est capable de donner le vrai prix des choses.

» On a cru que la Bourse était un marché efficient.

» Les krachs boursiers à répétition ont montré que c'était loin d'être le cas.

Voir aussi :

→ Hypothèse d'instabilité financière

→ Économie comportementale

35
THÉORIE MARGINALISTE

Dans la deuxième moitié du XIXe siècle, **William Stanley Jevons** et **Alfred Marshall** en Angleterre, **Carl Menger** en Autriche et **Léon Walras** en Suisse découvrent le calcul différentiel, et l'intègrent dans la théorie économique. C'est le début d'un processus irréversible de « mathématisation » de la discipline et de sa prétention à devenir une « science ».

Le calcul à la marge

Le calcul à la marge (ou calcul différentiel) est fondé sur l'analyse des variations.

Un peu de technique

Ainsi l'utilité (ou satisfaction) apportée par un produit suit la courbe suivante :

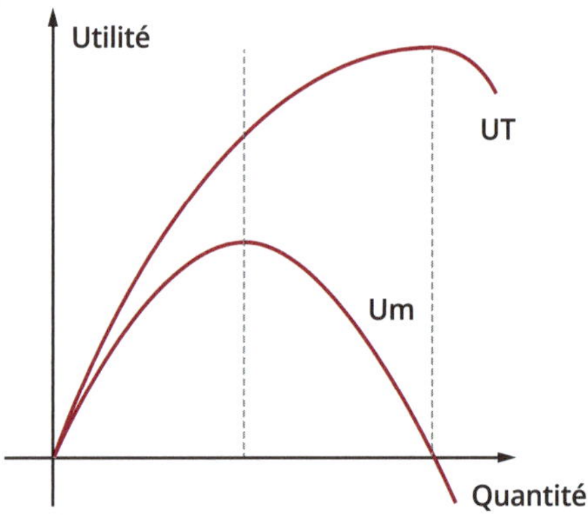

Sur l'axe horizontal, on a les quantités de biens que l'on consomme ; sur l'axe vertical l'utilité (ou satisfaction) que ces quantités procurent. La courbe UT (utilité totale) donne la satisfaction apportée par l'ensemble des biens consommés. La courbe Um (utilité marginale) donne la satisfaction procurée par chaque unité de biens dans la séquence de consommation (1er verre de vin, 2e verre de vin...).

L'utilité marginale

Les premiers verres donnent une utilité importante, les derniers (si on ne s'arrête pas avant) une utilité négative. C'est ce phénomène essentiel que mesure l'utilité marginale. C'est la satisfaction que donne, dans une série, la dernière unité consommée. Elle se mesure par une différence d'utilité totale entre deux quantités de bien. Si, par exemple, ma satisfaction passe de 10 à 15 en buvant un troisième verre, l'utilité marginale de ce troisième verre est de 5.

La courbe de l'utilité marginale (Um) n'est autre (pour les amateurs de mathématiques) que la dérivée de la courbe d'utilité totale, on perçoit quelques points stratégiques :

- lorsque l'utilité marginale est croissante, la courbe de l'utilité totale l'est également ;
- lorsque la courbe d'utilité marginale est décroissante, mais positive, l'utilité totale croît, mais moins vite ;
- lorsque l'utilité marginale est égale à 0, l'utilité totale est à son maximum ;
- lorsque l'utilité marginale est négative, l'utilité totale décroît.

Rendements croissants, rendements décroissants et optimum

On peut tirer des enseignements essentiels de cette approche. Tout d'abord, que toute la rationalité économique consiste à déterminer le point où l'utilité marginale est égale à 0. Cette égalisation, sous toutes ses formes, représente l'alpha et l'oméga de l'économie. C'est le point de satisfaction maximale, l'optimum. Cette méthode de calcul n'est pas seulement valable pour la consommation, elle est utilisée dans tous les domaines de l'économie : production, investissement, échange... Chaque fois qu'un calcul doit être fait en économie, il l'est « à la marge ».

Un peu de technique

Remarquons ensuite que le rendement des verres de vin, leur capacité à satisfaire, n'est pas linéaire. On peut avoir des rendements croissants si l'addition d'unités donne une satisfaction totale augmentant plus vite. On a alors un effet de synergie : deux verres de vin bus successivement donnent plus de plaisir que deux verres de vin bus séparément. L'effet de l'un ne s'additionne pas seulement à l'effet de l'autre, il l'amplifie. Avoir une roue sur deux vélos séparés ne donne pas la même satisfaction que d'en avoir deux sur le même vélo !

On a des rendements décroissants lorsque les verres de vin bus successivement donnent une satisfaction supplémentaire qui diminue (avoir une troisième roue, c'est bien, mais la troisième roue sera moins utile que la deuxième). On entre là dans une zone cruciale, qui est au cœur de phénomènes complexes. Consommer plus de biens augmente la satisfaction totale, mais chaque unité de bien supplémentaire a une utilité marginale moindre… Pour atteindre la satisfaction maximum, il faut accepter cette décrue de l'efficacité de chaque bien supplémentaire. Il faudra boire la coupe jusqu'à la lie, boire cet ultime verre à utilité nulle pour atteindre le sommet du plaisir…

Le « calcul à la marge » permet de maximiser, d'optimiser son comportement. Le consommateur aura sa satisfaction maximale et le producteur son profit maximal.

Limites et critiques

Le calcul à la marge présente des limites évidentes : étant axé sur un calcul de quantités, il ne peut saisir le « qualitatif », le marginalisme a essuyé les critiques de tous ceux (des institutionnalistes aux tenants de l'économie comportementale) qui mettent les facteurs humains, sociaux et culturels au centre de leur réflexion. Une autre critique porte sur l'aspect inévitable des rendements décroissants.

Selon les marginalistes, si l'on augmente la production en augmentant les facteurs (travail, capital, terre), on aboutit inévitablement à une baisse de la productivité. La réalité a prouvé que ce n'était pas toujours vrai. La théorie de la croissance endogène a montré l'existence et l'importance des rendements croissants.

Théorie marginaliste

L'essentiel en 5 secondes

» L'école marginaliste a introduit les mathématiques dans la réflexion économique.

» L'économie y a gagné la prétention à devenir la « science » de l'efficacité par le calcul.

» L'économie y a perdu ses qualités de science humaine.

36

THÉORIE MARXISTE

Karl Marx (1818-1883), philosophe, penseur politique, est le père d'une des théories économiques les plus influentes de l'histoire. Inspirateur des mouvements socialistes pendant deux siècles, il fut également, bien malgré lui, le théoricien des économies soviétiques. Et encore aujourd'hui du régime chinois.

Une critique du capitalisme

Le marxisme est avant tout une critique du capitalisme. Dans les milliers de pages que compte l'œuvre de Marx seules quelques-unes sont consacrées, par exemple, à la future société socialiste ou communiste.

L'exploitation capitaliste

Le point de départ, et le cœur, de l'analyse marxiste est sa théorie de la valeur travail. Telle qu'énoncée par Smith ou Ricardo, cette théorie posait un problème : si le travail est à l'origine de toute valeur, quelle est la valeur du travail ? Ici, Marx le philosophe frappe fort. Selon lui, la valeur du travail ne peut être que le travail lui-même. Mais comme toute chose, le travail a deux valeurs : une valeur d'usage et une valeur d'échange.

La valeur d'échange, c'est le salaire, fixé au niveau qui permet au travail de se reproduire, selon les normes sociales du moment.

La valeur d'usage est ce que le travail produit. La valeur de ce que le travail produit étant supérieure à ce que le travail consomme (le salaire), il en résulte une plus-value qui, à cause de la propriété privée des moyens de production, est empochée par les capitalistes. Ce profit est extorqué aux travailleurs car, contrairement à ce qu'affirment les capitalistes, le capital ne crée pas de richesse. Seul le travail en crée. L'ouvrier est ainsi aliéné de la plus-value qu'il crée.

« Accumulez, accumulez, c'est la loi et les prophètes »

Le capital ne crée pas de la valeur, car c'est du « travail mort », du travail passé, transformé en machines ou en argent. Le seul travail qui crée de la richesse, c'est le travail des ouvriers, le « travail vivant ». Mais s'il ne crée pas de richesse, le capital a la capacité de décupler l'efficacité productive du travail. Avec une machine, l'ouvrier produit plus. Or, la production ne valant que par le travail (vivant) qu'elle intègre, cette production supplémentaire aura une valeur inférieure chaque fois qu'elle sera obtenue par une proportion plus importante de capital et plus faible de travail (l'intensité capitalistique).

Pourtant, les entreprises les plus efficaces sur le marché étant celles qui ont la plus forte intensité capitalistique, celles-ci sont obligées d'investir, d'« accumuler », dans le vocabulaire de Marx. Cette accumulation incessante du capital est la loi fondamentale du capitalisme.

L'inévitable ruine du capitalisme

Le piège logique que tend Marx au capitalisme s'enclenche ici : pour survivre, les entreprises doivent investir et remplacer le « travail vivant » par du « travail mort » ; les hommes par les machines. Ce processus crée inévitablement du chômage. Le chômage n'a rien d'accidentel, il est fonctionnel au système. La présence de nombreux chômeurs (« l'armée de réserve du capital ») pèse sur les salaires, qui baissent, permettant ainsi aux capitalistes d'extorquer une dose supplémentaire de plus-value.

Mais la dynamique même du système le mène à sa perte : plus les entreprises investissent, plus elles produisent, moins ce qu'elles produisent a de valeur. Plus elles accumulent, moins elles ont les moyens d'accumuler. Elles se heurtent à la malédiction de la « baisse tendancielle du taux de profit ».

Par ailleurs, plus les entreprises produisent et moins les ouvriers ont de pouvoir d'achat. La crise finale sera une crise de surproduction.

Bien sûr, le système essaiera de trouver des ruses pour reculer l'inévitable échéance. Les disciples de Marx ont vu dans la crise de 1929 la réalisation de ses prophéties et dans le fascisme l'ultime recours d'un capitalisme condamné.

L'échec du marxisme

Tout au long du XXe siècle, la théorie marxiste a inspiré bon nombre de partis politiques et de mouvements sociaux ainsi que des intellectuels de toute discipline. Il a été à la base de la création de systèmes communistes notamment en URSS et en Chine. L'effondrement de l'URSS a provoqué, ou accompagné, un net recul de la théorie marxiste dans le domaine économique. Reste une énigme : comment le régime chinois peut-il faire cohabiter le capitalisme le plus effréné avec le maintien réitéré à l'œuvre de Marx ? Mystère du yin et du yang.

Théorie marxiste

L'essentiel en 5 secondes

» Le marxisme est une critique sévère du capitalisme en tant que système d'exploitation de l'homme par l'homme.

» Marx prévoyait la crise et l'effondrement du capitalisme.

» Le marxisme a connu une crise sévère, et a quasiment disparu. Le capitalisme, malgré des crises à répétition, ne s'est jamais aussi bien porté.

Voir aussi :

→ Économie de pénurie

37 LE MERCANTILISME

Le mercantilisme a dominé la pensée économique naissante, au moment de la première expansion colonisatrice de l'Europe, aux XVIe et XVIIe siècles, et du triomphe de la monarchie absolue.

Ses principes fondamentaux sont :

N'oubliez pas

- la puissance du monarque et du pays est fondée sur l'or qu'il possède, l'or étant la seule vraie forme de richesse ;
- le commerce est la meilleure manière d'accumuler de l'or ;
- l'État doit jouer un rôle important dans l'économie.

Le mercantilisme a connu trois variantes.

Un mercantilisme « bullioniste »

Le mercantilisme ibérique, représenté par Luis Ortiz, Jeronimo de Uztariz et Bernardo de Ulloa, a été « bullioniste » (de l'anglais *bullion*, lingot), c'est-à-dire soucieux de récupérer le métal précieux de l'exploitation des colonies et de le garder. Pour cela, on a cru, naïvement, qu'il suffisait d'exploiter sans limites les colonies et d'interdire l'exportation des précieux lingots. Aujourd'hui encore, à Lisbonne, les deux rues qui mènent à la plus grande place de la ville (la place du Commerce) s'appellent rue de l'Or et rue de l'Argent.

Un mercantilisme commercial

Le mercantilisme anglais (dont les principaux théoriciens sont Thomas Mun et William Petty) fut essentiellement commercial. Un système de *contrats* obligeait les exportateurs à se faire payer en or, rapatrié en Angleterre. Les importateurs étaient obligés d'utiliser leurs gains pour acheter des produits anglais. L'État veillait à ce que la balance commerciale soit excédentaire par un système de lourde taxation des importations.

Un mercantilisme « industrialiste »

Le mercantilisme est présent en France avec Jean Bodin, Antoine de Montchrestien, Pierre de Boisguilbert, Richard Cantillon et surtout **Jean-Baptiste Colbert** (1619-1683).

N'oubliez pas

Homme à tout faire du royaume, personnage tout-puissant cumulant les charges (y compris celle d'académicien), Colbert a laissé une trace indélébile dans la culture économique française. Le colbertisme part du constat que la France n'a ni or, ni argent, ni colonies capables de lui en fournir. L'État doit donc favoriser les manufactures chargées de produire des biens d'exportation (métaux, produits de luxe, draps, étoffes, tapisseries, cristallerie).

Ces manufactures sont soit publiques, et financées directement par l'État (les Gobelins, la Savonnerie ou les manufactures d'armes comme Saint-Étienne), soit privées mais profitant de l'aide de l'État (Saint-Gobain pour le verre). L'État n'hésite pas à faire venir en France des ouvriers ayant une réputation d'excellence dans leur métier : les Vénitiens pour le verre, les Flamands pour le cuivre. Pour garder cette main-d'œuvre précieuse, on ne lésine pas sur les moyens. En 1682, une loi punit de la peine de mort tout ouvrier voulant quitter le royaume. L'État fixe des tarifs douaniers élevés interdisant en pratique les importations (l'argent, « il faut l'attirer du dehors et le conserver au-dedans », disait Colbert). Les exportations sont en revanche favorisées par la création de grandes compagnies coloniales avec un privilège de monopole (Compagnie des Indes orientales, 1664).

Le mercantilisme

L'essentiel en 5 secondes

» Le mercantilisme a été la théorie dominante pendant la colonisation et la création des grands empires.

» Il a pris des formes différentes selon les pays.

» En France, il a contribué à créer une culture exaltant le rôle industriel de l'État : le « colbertisme ».

38

THÉORIE DU MULTIPLICATEUR

La théorie du multiplicateur d'investissements a été énoncée par Richard Kahn, un élève de Keynes. Elle doit sa célébrité à Keynes qui en a fait un rouage essentiel de sa théorie.

L'effet multiplicateur

Le principe du multiplicateur est le suivant : un accroissement de l'investissement provoque celui plus que proportionnel du revenu national. Si le gouvernement opère des investissements (sous forme de travaux publics, par exemple), cette dépense va en entraîner d'autres, sous forme d'achats directs ou induits. Au total, le pays s'enrichira d'une somme qui est un multiple de la somme initialement investie.

Un peu de technique

CALCULER L'EFFET

$\Delta Y = k\Delta I$

ΔY est l'augmentation de la production nationale.

ΔI est celle de l'investissement.

K est le coefficient multiplicateur.

$k = \frac{1}{c}$

L'importance de l'effet multiplicateur dépend de « c » la propension marginale à consommer qui mesure la part d'un revenu supplémentaire consommé. Si un revenu supplémentaire de 100 est consommé à 80 %, « c » sera de 0,8.

Selon Keynes, plus la propension marginale à consommer est forte, plus l'effet multiplicateur est fort. En clair, plus la part supplémentaire d'un revenu est dépensée, plus l'effet « tache d'huile » de l'investissement sera important, puisque le revenu dépensé alimente la demande, la production et l'emploi. Si, au contraire, le revenu supplémentaire est épargné, l'effet de l'investissement sera neutralisé. Toute la mécanique keynésienne de relance par la dépense publique découle de là.

L'effet accélérateur

D'autres économistes, comme **Albert Aftalion** et **John Maurice Clark**, ont mis au jour un mécanisme inverse du multiplicateur, l'effet accélérateur. Il s'agit de l'impact de l'augmentation de la production nationale sur le niveau de l'investissement. Ici aussi on a un effet d'amplification. Si le revenu du pays augmente, l'investissement augmente plus que proportionnellement. Cela est dû, entre autres, au fait que le capital n'est pas fractionnable. Si un producteur automobile veut produire 20 % de plus, il ne pourra pas investir dans 20 % d'une usine supplémentaire, il devra en créer une, complètement.

Le lecteur perspicace l'aura compris, les deux mécanismes (multiplicateur et accélérateur) fonctionnent simultanément : l'un est amplifié par l'autre. Ainsi une augmentation de l'investissement provoque une augmentation du revenu qui provoque une augmentation de l'investissement... L'on obtient ainsi des hausses qui ont tendance à s'emballer, à devenir exponentielles. Le problème, c'est que cette mécanique ne peut que se bloquer et se retourner. C'est ce qu'explique la théorie du surinvestissement d'Aftalion. Lorsque les entrepreneurs se rendent compte qu'ils ont trop investi, ils arrêtent et n'investissent plus. Mais l'investissement zéro n'existe pas, il ne peut être que positif ou négatif. Si une machine n'est pas remplacée, elle s'use ou devient obsolète : le stock de capital diminue. Que se passe-t-il alors ? La mécanique d'amplification repart, mais dans l'autre sens : moins d'investissement, moins de revenus, moins d'investissement... c'est la crise. L'économie est vraiment une discipline fantastique.

Théorie du multiplicateur

L'essentiel en 5 secondes

- Le multiplicateur mesure l'impact de l'investissement sur le revenu national.
- Cet impact est d'autant plus fort que la consommation est forte.
- Les keynésiens préconisent l'augmentation des bas salaires pour dynamiser l'économie.

39 NOUVELLE ÉCONOMIE CLASSIQUE (NEC)

La nouvelle économie classique (NEC) est une école théorique qui s'est développée aux États-Unis à partir des années 1970. Ses membres ont été couronnés par plusieurs prix Nobel (**Robert Lucas** en 1995, **Finn Kydland** et **Edward Prescott** en 2004, **Thomas Sargent** en 2011). Robert Lucas est, d'après le jury du prix Nobel, « l'économiste qui a eu la plus grande importance dans le champ de la recherche macroéconomique depuis 1970. [Il a] transformé de fond en comble l'analyse macroéconomique et la vision de la politique économique ».

Un autre représentant de la NEC, Robert Barro, est considéré comme un des économistes les plus influents de sa génération.

Théories radicales

La nouvelle économie classique se présente comme l'héritière de l'école libérale néoclassique et monétariste ; elle est caractérisée par la radicalisation des thèses de ces courants de pensée.

La NEC, qui fonde ses analyses sur des modèles mathématiques stochastiques sophistiqués, aboutit aux conclusions suivantes :

- Les anticipations rationnelles : la NEC substitue à l'hypothèse des anticipations adaptatives de Friedman celle des anticipations rationnelles.
- Les agents sont capables de formuler des anticipations rationnelles s'ils utilisent toute l'information disponible : ils ne commettent pas d'erreurs de prévision, comme dans le cas des anticipations adaptatives.
- Les agents sont rationnels et capables d'utiliser les bons modèles d'analyse : ils savent par exemple qu'un accroissement de la masse monétaire ne peut que provoquer une hausse du niveau général des prix.

- La monnaie est neutre : même à court terme, la NEC retrouve un des postulats des classiques (le « voile monétaire »).
- Les politiques économiques conjoncturelles n'ont aucun impact sur l'activité réelle : elles sont anticipées par les agents. L'arbitrage inflation/chômage n'a aucun sens. Robert Barro montre qu'une politique de déficit budgétaire financée par l'emprunt reste sans effet sur l'activité économique (théorème d'équivalence ou de Barro-Ricardo), car les agents déjouent l'illusion fiscale : ils anticipent la hausse des impôts destinée à rembourser l'emprunt, et constituent une épargne d'un montant équivalent à l'endettement public. La politique de relance par la consommation ne peut alors qu'être un échec.
- Les fluctuations cycliques de l'activité économique sont liées à de chocs exogènes (chocs de productivité notamment) : elles ont la réponse optimale de l'économie à ces chocs. Il est inutile de vouloir les corriger ou les éviter.

Critiques

La NEC a suscité des critiques portant notamment sur l'excessive modélisation mathématique utilisée. On lui reproche d'être extrêmement abstraite et d'aboutir à des résultats idéologiquement prévisibles.

Pierre Alain Muet, directeur du département d'économétrie de l'Observatoire français des conjonctures économiques (OFCE) a écrit :

« Quel conjoncturiste ou chef d'entreprise prendrait au sérieux l'idée selon laquelle la récession américaine de 1982 résulta d'une baisse brutale du progrès technique ? Les constructeurs de modèles de cycles réels devraient parfois regarder les enquêtes de conjoncture ou même simplement lire les journaux. La littérature sur les cycles réels frise parfois la pure et simple escroquerie. »

Nouvelle économie classique (NEC)

L'essentiel en 5 secondes

- » La NEC remet à jour les dogmes de la pensée libérale à coups de mathématiques stochastiques.
- » Les agents sont rationnels et l'économie s'équilibre spontanément.
- » Les politiques économiques sont inutiles et inefficaces.

Voir aussi :

→ Théorie des cycles

→ Théorie du chaos

→ Anticipations rationnelles

40

THÉORIE DU *NUDGE*

La théorie du *nudge* a été émise par **Richard Thaler** (prix Nobel 2017) et **Cass Sunstein** dans leur livre *Nudge : Améliorer les décisions concernant la santé, la richesse et le bonheur* (2008).

Le paternalisme libertarien

« *Nudge* » signifie « coup de coude » ou « coup de pouce » pour indiquer une petite sollicitation qui peut faire changer de comportement. L'objectif de cette théorie est de montrer que l'on peut influencer les comportements sans avoir recours à des méthodes coercitives ou punitives. Il s'agirait donc de mettre en œuvre ce que l'on a appelé le « paternalisme libertarien » (et non « libertaire » comme on traduit souvent).

N'oubliez pas

De nombreuses études et expériences ont montré que des détails, à première vue insignifiants, ont un impact important sur les comportements. Thaler raconte que, jeune professeur, ses étudiants se plaignaient de la sévérité de ses notes. En changeant la notation (au lieu de noter sur 100, il a noté sur 137), tout mécontentement a disparu alors que les critères de notation, et la valeur absolue des notes, n'avaient pas changé d'un iota. Thaler a noté également que si vous mettez des cacahuètes sur une table, tout le monde s'empiffre. Si vous les enlevez, personne ne s'en plaint, on peut même vous remercier. Si vous les laissez, personne n'a l'idée de ne pas en manger.

Des comportements plus vertueux

Il s'agit là d'exemples banals de « biais cognitif » mis à jour par l'économie comportementale. Le *nudge* consiste donc à utiliser ces biais cognitifs pour canaliser l'action des gens vers des comportements vertueux (pour la santé, l'environnement, la société) en apportant de petites modifications à l'environnement dans lequel se fait le choix (« l'architecture du choix »).

Ainsi, en changeant simplement l'ordre de présentation des aliments dans une cantine scolaire, on peut faire consommer des repas plus équilibrés. Dessiner des bandes augmentant la sensation de vitesse sur une route à l'approche d'un virage peut faire diminuer le nombre ou la gravité des accidents.

Un système de prélèvement automatique pour alimenter votre épargne vous conduit à épargner plus qu'un mécanisme dans lequel vous décidez vous-même du montant de l'épargne. L'exemple le plus cocasse est celui des toilettes de l'aéroport d'Amsterdam. Quelqu'un a eu l'idée d'imprimer le dessin d'une mouche en plein milieu de la cuvette : résultat étonnant, la propreté des lieux a été nettement améliorée parce que, spontanément, les gens se sont mis à « viser » la mouche !

Objet de débat

Le *nudge* a été bien accueilli par nombre de responsables et toutes sortes de mesures s'en inspirent comme les codes couleur dans l'étiquetage des aliments ou la couleur unique pour les paquets de cigarettes. Toutefois, le *nudge* subit des attaques de droite et de gauche. Les conservateurs libéraux lui reprochent d'être trop coercitif et d'empiéter sur la liberté individuelle, et de l'autre côté, on lui reproche d'être trop léger et anecdotique pour régler des problèmes lourds (obésité, alcoolisme, tabagisme, accidentologie...).

Thaler et Sunstein ont répliqué que les entreprises, par la publicité et le marketing agressif, abusent des biais cognitifs des consommateurs sans que personne ne songe à les mettre sur la sellette, alors que leurs intentions et leurs méthodes sont bien plus critiquables que celles des gouvernements.

Théorie du *nudge*

L'essentiel en 5 secondes

- Le *nudge* est l'art de canaliser les comportements par des petits « coups de pouce ».
- Il tire parti des « biais cognitifs » qui nous dictent notre comportement.
- Le « paternalisme libertarien » qui en découle est critiqué, mais ses résultats sont souvent probants.

Voir aussi :

→ Économie comportementale

41
LOI DE L'OFFRE ET DE LA DEMANDE

La loi de l'offre et de la demande est probablement la loi économique la plus célèbre. Formalisée par les travaux d'**Augustin Cournot** et **Alfred Marshall**, elle est au cœur de la théorie néoclassique du marché et de sa capacité à s'autoréguler et à mener automatiquement à l'optimum économique.

L'offre, la demande, le prix

La théorie néoclassique a donné la formulation mathématique suivante de cette loi :

Un peu de technique

La demande est une fonction décroissante du prix : $D = f\left(\frac{1}{p}\right)$. Si le prix augmente, la demande baisse ; si le prix baisse, la demande augmente.

L'offre est une fonction croissante du prix : $O = f(p)$. Si le prix augmente, l'offre augmente ; si le prix baisse, l'offre baisse.

Le prix qui détermine l'offre et la demande est le résultat de la confrontation, et de l'égalisation de l'offre et de la demande : $p = f\left(\frac{D}{O}\right)$.

Graphiquement, cela donne ceci :

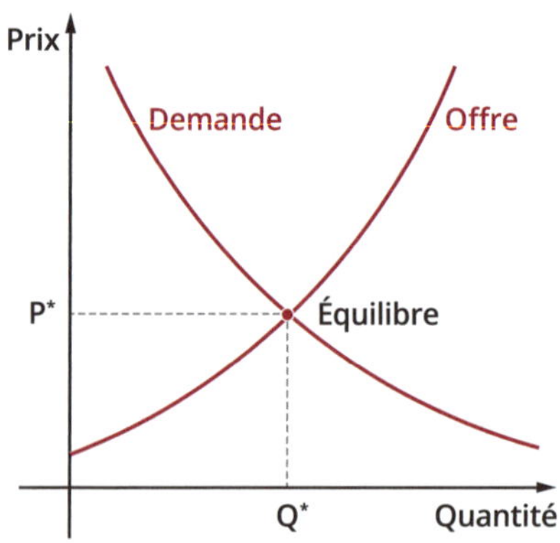

L'équilibrage automatique

Le prix permet d'égaliser l'offre et la demande. Si l'offre ou la demande varie, le prix va varier et assurera toujours l'égalité O = D.

- Si la demande baisse, le prix baisse, l'offre baisse, donc O = D.
- Si la demande augmente, le prix augmente, l'offre augmente, donc O = D.
- Si l'offre baisse, le prix augmente, la demande baisse, donc O = D.
- Si l'offre augmente, le prix baisse, la demande augmente, donc O = D.

Cette mécanique est au cœur de la capacité (réelle ou supposée) du marché à gérer au mieux le problème économique.

Le prix est le grand aiguillon qui canalise le comportement des agents économiques : la consommation de biens rares sera rationnée par le prix élevé, et les biens plus abondants seront plus accessibles car moins chers.

En même temps, le prix élevé poussera les entreprises à produire les biens rares (qui le seront de moins en moins) et à délaisser la production des biens plus abondants. La concurrence éliminera ceux qui ne sont pas capables d'apporter les meilleurs produits au meilleur prix.

La même mécanique anime tous les marchés d'une économie.

Marché	**Offre**	**Demande**	**Prix**
Marché des biens et services	Offre de biens et services	Demande de biens et services	Prix
Marché du travail	Offre de travail (demande d'emploi)	Demande de travail (offre d'emploi)	Salaire
Marché de l'épargne	Épargne	Investissement	Taux d'intérêt (à long terme)
Marché monétaire	Demande de monnaie	Offre de monnaie	Taux d'intérêt (à court terme)
Marché financier (Bourse)	Demande d'actions et obligations	Offre d'actions et obligations	Cours
Marché des changes	Offre de devises	Demande de devises	Cours de la monnaie/ Taux de change

Loi de l'offre et de la demande

L'essentiel en 5 secondes

» La loi de l'offre et de la demande est la loi fondamentale de l'économie de marché.

» Elle est capable d'assurer la régulation automatique de l'économie.

» Elle est censée fonctionner sur tous les marchés.

Voir aussi :

→ Théorie de la concurrence pure et parfaite

→ Libéralisme

42

L'ÉCONOMIE DE PÉNURIE

L'effondrement de l'URSS n'a pas réellement intéressé les économistes. Ils ne l'avaient pas prévu, et lorsqu'il s'est produit, ils l'ont aussitôt oublié. Pourtant, l'effondrement de tout un système économique n'est pas un phénomène anodin et mérite d'être expliqué.

N'oubliez pas

Deux exceptions à la règle : **Emmanuel Todd** qui avait prévu l'effondrement en publiant en 1976 *La Chute finale (Essai sur la décomposition de la sphère soviétique)*. Todd avait réussi à dresser un bilan lucide de la société soviétique en analysant les données démographiques qui révélaient notamment une hausse inquiétante de la mortalité.

L'autre esprit lucide est celui d'un économiste hongrois : **Janos Kornaï** (né en 1928). Il publia en 1980 un ouvrage magistral, *Economics of Shortage* (*L'Économie de pénurie*), qui faisait de l'économie soviétique une analyse et un bilan sans appel.

Un système contraint par les ressources

L'idée principale de Kornaï est que l'économie soviétique, après avoir obtenu pendant quelques décennies d'indiscutables réussites, a dégénéré en un système pervers ne produisant plus que de la pénurie.

Objet de débat

Comment une telle involution a-t-elle pu se mettre en œuvre ? Le socialisme, dit Kornaï, est un système « contraint par les ressources », alors que le capitalisme est un système « contraint par la demande ». Là où notre système ne connaît de limites que d'absorption par le consommateur de produits, le système planifié connaissait une autre limite : celle des ressources.

Le vice caché du système est indiqué par Kornaï dans ce qu'il appelle « la contrainte budgétaire molle ». Une entreprise capitaliste a pour but de réaliser du bénéfice. Si elle n'y parvient pas, elle subit une sanction sans appel : elle fait faillite et ses employés sont au chômage.

C'est dur, mais simple et efficace. Dans l'économie socialiste, rien de tel n'est possible. Une entreprise d'État ne peut pas faire faillite. Le directeur n'a que deux contraintes à respecter : une contrainte explicite – atteindre les objectifs que le plan lui fixe – et une contrainte implicite – ne pas avoir d'ennuis avec les ouvriers.

Pour atteindre la première, le directeur a une solution de facilité : demander plus d'*inputs* (plus de machines, plus de matières premières, plus de produits semi-finis, plus d'hommes). Ainsi, si le moindre problème se présente (panne, difficultés d'approvisionnement, absentéisme), il pourra puiser dans ses réserves. Bien entendu, en temps normal, ces réserves ne servent à rien. C'est une capacité de production qui est stérilisée, dont on prive les autres entreprises. Cette « rétention » de facteurs créant de la pénurie, elle va automatiquement s'autoalimenter. La pénurie engendre la pénurie.

En ce qui concerne la gestion du personnel, le directeur veillera soigneusement à ne pas mécontenter ses ouvriers. En pays socialiste, le moindre conflit social est insupportable au pouvoir. Il ne peut que se solder par le limogeage du directeur. En définitive, les ouvriers ne sont-ils pas les patrons ?

Ainsi, le personnel est géré avec largesse en ce qui concerne les effectifs et avec gentillesse en ce qui concerne l'ardeur au travail. De toute manière, l'État se doit de garantir l'emploi aux ouvriers et le licenciement est inimaginable. Cela aboutit à un phénomène d'*overmanning*, ou de suremploi. L'image des usines soviétiques de l'époque est connue : pendant que sept hommes travaillent, trois autres jouent aux cartes. Autre forme de gaspillage, autre source de pénurie.

Roue de secours ?

De multiples aberrations s'étaient installées dans le système économique soviétique. Pour atteindre les objectifs d'un plan, il était facile de tricher. Les objectifs étant fixés en valeur, on pouvait, pour produire le « volume » de voitures fixé, en produire, non pas plus, mais des plus lourdes : ainsi un modèle était doté (en série) d'un magnifique support de roue de secours de 40 kg d'acier ! La valeur de la voiture étant fixée par l'amont, elle valait d'autant plus cher.

On racontait un tas d'histoires drôles en URSS, notamment celle-ci :

Un enfant demande à son père : « Papa, qu'est-ce que le socialisme ?

– Tu vois le Sahara ? Eh bien, si le Sahara était socialiste, il serait obligé d'importer du sable... »

Gaspillage et pénurie étaient effectivement devenus les deux tares du système économique. Gaspillage d'énergie (dont le pays était heureusement bien pourvu), gaspillage de capital, d'hommes, de talents et de... nature. L'URSS a usé et abusé de la pollution. Un comble pour un pays géré par l'État, dépositaire du bien-être commun.

Un système des prix défaillant

Ce qui a manqué à l'URSS, c'est avant tout un système de prix viable. Les prix, fixés de manière « scientifique », n'avaient aucune raison de varier. Comme le prix du ticket de métro à Moscou, inchangé pendant quarante ans. Ces prix n'avaient à aucun moment la capacité d'exprimer la rareté des choses, c'est-à-dire le rapport entre l'offre et la demande. Ainsi, les écarts entre l'une et l'autre se réglaient autrement : par le marché noir ou par d'interminables files d'attente par exemple, auxquels le système officiel était aveugle et sourd.

De même, le gouvernement n'a jamais su trouver un stimulant valable pour la population. Lorsqu'il proposait aux ouvriers des primes ou des heures supplémentaires, il était surpris de voir que personne n'était intéressé. L'ouvrier russe avait vite fait de calculer son optimum : il valait mieux gagner moins et avoir le temps de faire la queue plutôt que de gagner plus et de n'avoir rien à acheter. D'autant que les conditions de travail dans les usines n'avaient rien de « socialiste » : c'étaient celles du taylorisme le plus obtus.

Le seul marché légal qui existait en URSS donne bien la mesure de l'ampleur de la catastrophe qu'était le reste de l'économie. Les lopins de terre individuels qui alimentaient le marché kolkhozien représentaient 2 % des terres agricoles, mais fournissaient 40 % de la production agricole totale.

N'oublions pas, pour conclure, que le socialisme s'est greffé sur des traditions typiquement russes et les a faites siennes. Ainsi de la répression, la corruption, les passe-droits, les privilèges. Ultime ironie funeste de ce régime : c'est le Parti communiste qui a fourni ses cadres au capitalisme qui s'est installé dans ce pays sous ses formes les plus douteuses.

L'économie de pénurie

L'essentiel en 5 secondes

- » La crise des économies soviétiques s'explique par un immense gaspillage des ressources.
- » Les principaux responsables sont l'absence d'un vrai système des prix et des motivations dévoyées.
- » Le système a échoué parce que c'était devenu une machine à créer de la pénurie.

Voir aussi :

→ Théorie marxiste

43
COURBE DE PHILLIPS

La courbe de Phillips étudie le rapport entre l'évolution du taux de chômage et celui de l'inflation.

À l'origine, l'économiste néo-zélandais **Alban William Phillips** (1914-1975) a étudié le rapport entre la variation des salaires et celle du chômage. Par la suite, on a extrapolé un lien entre la hausse des salaires et la hausse des prix et remplacé, sur la version définitive de la courbe, la variation des salaires par celle des prix.

Le dilemme

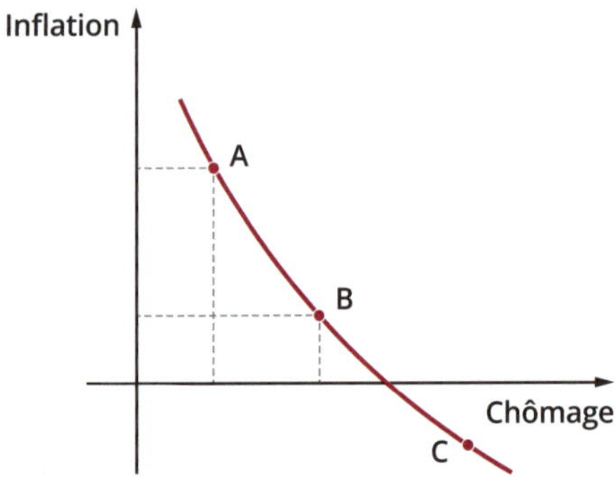

Un peu de technique

La courbe indique une corrélation négative entre taux de chômage et taux d'inflation : si le chômage est faible, l'inflation est forte (point A), si le chômage est fort, l'inflation est faible (point B). Le point C représente la situation qui fut celle de 1929 : chômage massif et déflation.

Cette vision, toute keynésienne, s'est imposée au cours des années 1960-1970 au point que les gouvernements du monde occidental ont cru à l'existence d'un dilemme inflation/chômage : on ne pouvait que choisir entre deux politiques : les politiques de « go » et les politiques de « stop ».

> » Les politiques de « go » ont comme objectif de faire baisser le chômage par une relance de l'économie et une augmentation des salaires.

> » Elles acceptent l'inconvénient de créer de l'inflation, et, accessoirement des déficits publics (on va du point B au point A).
>
> » Les politiques de « stop » visent à lutter contre l'inflation par la modération de déficits ou de la hausse salariale. Elles ont l'inconvénient de faire augmenter le chômage (du point A au point B).

Dans la plupart des pays, c'est l'option « go » qui a été choisie. En Angleterre, l'impératif d'avoir une monnaie solide s'est soldé par une alternance des deux politiques (« *stop-and-go* ») : les politiques de relance des travaillistes créant de l'inflation et menaçant la livre, elles étaient suivies par des politiques de rigueur et d'assainissement menées par les conservateurs.

L'échec de Phillips

Au cours des années 1970, la courbe de Phillips connaît des mésaventures qui finissent par la condamner. Dans la plupart des pays, le balancement entre le point A et le point B semble se confirmer, mais la courbe se déplace vers plus de chômage et plus d'inflation simultanément. La « loi » de Phillips se transforme : au lieu d'avoir de l'inflation ou du chômage, les pays ont de l'inflation et du chômage.

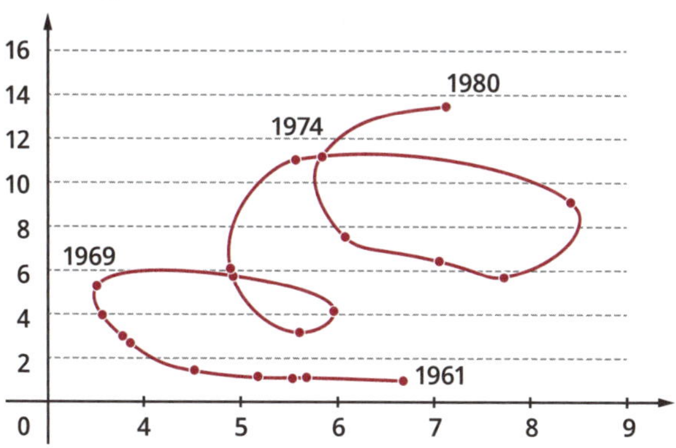

Chômage et inflation aux États-Unis (1960-1980).

Objet de débat

L'approche de Phillips est sévèrement critiquée par le prix Nobel Milton Friedman. Selon le chef de file des libéraux, inflation et chômage ne sont en rien liés. Sauf si on commet l'erreur d'ignorer l'existence du taux naturel de chômage. Erreur qu'ont commise les keynésiens adeptes de Phillips.

Le taux naturel de chômage est un taux incompressible en dessous duquel on ne peut pas descendre. Il est dû aux inévitables « frictions » du marché du travail. Il se situe aux alentours de 4 %. Ce taux est appelé par Friedman NAIRU (*Non Acceleration Inflation Rate of Unemployment*) : taux de chômage n'accélérant pas l'inflation. Si l'on essaie de faire baisser le chômage au-delà du NAIRU, on met l'économie en état de surchauffe (puisque le facteur travail est totalement utilisé) et on crée de l'inflation.

Cette erreur a été commise par les dirigeants parce qu'ils ont cru, à tort, que des taux de chômage inférieurs à 4 % étaient normaux. En réalité, ils étaient liés à l'exceptionnelle croissance des Trente Glorieuses et se situaient au-delà du plein-emploi (« suremploi »). Les politiques keynésiennes de relance à outrance n'ont eu pour résultat, en définitive, que de créer plus d'inflation et plus de chômage. À partir du début des années 1980, sur l'exemple de Ronald Reagan et Margaret Thatcher, la plupart des gouvernants a donc opté pour la thérapie suggérée par Friedman : lutter d'abord contre l'inflation, véritable fléau principal, le chômage se résorbant automatiquement après l'assainissement de l'économie. L'expérience des années suivantes semble avoir donné raison à l'analyse de Friedman.

Courbe de Phillips

L'essentiel en 5 secondes

» La courbe de Phillips montre qu'il existe un dilemme inflation/chômage.

» En réalité, le dilemme n'existe pas : on peut avoir inflation et chômage en même temps.

» En critiquant la courbe de Phillips, Milton Friedman a porté un coup fatal au keynésianisme.

Voir aussi :

→ Théories du chômage

→ Théories de l'inflation

44

LES PHYSIOCRATES

Au XVIIIe siècle, se développe en France la première grande école économique. Ses représentants sont les physiocrates : **Pierre Samuel du Pont de Nemours** (1739-1817), **Paul-Pierre Le Mercier de la Rivière** (1719-1801) et surtout **François Quesnay** (1694-1774). Derrière des considérations désormais largement dépassées, les physiocrates ont apporté des idées qui annonçaient déjà certaines préoccupations de l'économie moderne.

Éloge de la terre

Physiocratie signifie « gouvernement de la nature ». Dans un monde largement dominé par les activités agricoles, les physiocrates estiment que seule la nature, et donc l'agriculture, produisent de la richesse. Les propriétaires fonciers vivent de la richesse produite par les agriculteurs. Les artisans et ouvriers, qui ne font que transformer des produits agricoles, sont, tout comme les marchands, une « classe stérile ».

Le tableau économique

Le marquis de Mirabeau (1715-1789), le père d'Octave, membre du courant physiocratique, affirmait que les trois piliers de la solidité des sociétés étaient l'invention de l'écriture, celle de la monnaie et le tableau économique. Le tableau économique de Quesnay (1758) contient la première vision de l'économie comme un circuit dans lequel la « richesse circule comme le sang dans le corps humain ».

On a pour la première fois une approche globale dans la réflexion économique. Quesnay serait donc le premier keynésien ?

La pensée de Quesnay est axée sur deux idées fondamentales.

Un peu de technique

> » Le produit net : la société se divise en trois groupes. La classe productive, composée exclusivement des cultivateurs, la classe des propriétaires et une classe stérile composée d'industriels, commerçants et professions libérales. Seuls les cultivateurs sont producteurs de richesse sous forme de produit net. Le produit net (ancêtre de notre produit national brut, PNB) est la différence entre les richesses récoltées et les richesses dépensées pour les obtenir. Seule l'agriculture est créatrice de richesse. Le reste de l'économie vit de la circulation de ce produit net, mais ne contribue pas à sa création. L'État ne devrait percevoir qu'un impôt unique basé sur le produit net.
>
> » L'ordre naturel : la divine providence a établi pour l'homme un ordre naturel auquel il suffit de se conformer pour être heureux sur Terre. « Le maintien de la propriété et de la liberté fait régner l'ordre le plus parfait sans le secours d'aucune autre loi. »

Propriété et liberté, l'économie comme un circuit : on comprend en quoi les physiocrates, malgré leurs erreurs évidentes, sont des précurseurs. Mais on leur doit plus que cela : ce sont eux qui ont lancé une des formules (et une des idées) les plus marquantes de l'histoire économique : laisser faire, laisser passer.

Laisser faire, laisser passer

S'il existe un ordre naturel, chaque homme, guidé par son intérêt personnel, verra son intérêt concorder avec celui des autres hommes. Les gouvernements doivent se borner à faire respecter la propriété et la liberté. L'action des individus fera le reste. Selon l'expression de Vincent de Gournay (1712-1759), le gouvernement doit « laisser faire les hommes, laisser passer les marchandises ». Toute entrave au travail, et surtout au commerce, doit être levée.

La volonté du gouvernement de tout régenter est inutile et néfaste puisque l'économie est guidée par des lois naturelles analogues aux lois physiques. Des lois universelles. Face à cette universalité, tout le monde est sur un pied d'égalité si on respecte la « liberté du commerce » et la « liberté de l'industrie ». Il faut bannir les « servitudes seigneuriales » pour les paysans et les « servitudes gouvernementales » pour les industriels qui mettent des freins au développement économique. Il faut « laisser faire, laisser passer » et supprimer toutes les barrières douanières.

Les physiocrates

L'essentiel en 5 secondes

- Les physiocrates pensent que seule l'agriculture crée de la richesse : en cela ils avaient tort.
- L'économie est un circuit : en cela ils avaient raison.
- Il faut laisser faire, laisser passer : une idée toujours d'actualité.

45

THÉORIE QUANTITATIVE DE LA MONNAIE

La théorie quantitative de la monnaie est devenue centrale dans la théorie libérale depuis **Milton Friedman** au point que les adjectifs libéral et monétariste sont devenus synonymes. Pour ces libéraux, le rôle de l'État doit se limiter à la gestion de la monnaie, or, dans ce domaine, sa seule préoccupation doit être de lutter contre l'inflation.

L'équation de Fisher

Irving Fisher (1867-1947) a énoncé la théorie quantitative de la monnaie par la célèbre formule :

Un peu de technique

- MV = PQ ;
- M : masse monétaire ;
- V : vitesse de circulation de la monnaie ;
- P : niveau général des prix ;
- Q : quantité de transactions, ce qui correspond à la production.

En considérant M comme une donnée exogène ne dépendant que de la politique monétaire de la banque centrale et V comme stable ou constante, on obtient :

$$P = \frac{M}{Q}$$

Cela signifie que, pour une production donnée, le niveau général des prix ne dépend que de la quantité de monnaie en circulation. Si la masse monétaire augmente plus que la production, il y a inflation. Si la masse monétaire augmente moins que la production, il y a déflation.

La monnaie est bien considérée comme un « voile » selon le vieux dogme libéral. Elle est « neutre ». À part le niveau des prix, elle n'affecte aucune grandeur économique réelle (consommation, épargne, investissement, production) contrairement à ce qu'affirmait Keynes.

Rappelons que, pour Keynes, la demande de monnaie obéit à trois types de motivations :

- un motif de précaution ;
- un motif de spéculation ;
- un motif de transaction.

Le taux d'intérêt qui est le prix de la renonciation à la liquidité détermine la demande de monnaie pour un motif de spéculation, et donc le comportement de l'agent.

Rien de tel pour Friedman pour qui la demande de monnaie ne dépend pas des taux d'intérêt. Les variations de la masse monétaire, fixées par la banque centrale, se répercutent exclusivement sur le niveau des prix. Le taux de croissance du niveau des prix est égal à celui de la masse monétaire.

L'inflation est partout et toujours un phénomène monétaire

C'est sur la base de cette analyse que Friedman a pu affirmer que l'inflation est partout et toujours un phénomène monétaire. Une phrase bien connue des étudiants en économie. Elle balaie d'un revers de la main plusieurs décennies de théorie, et de pratiques keynésiennes. Notamment les politiques de relance par les déficits budgétaires et par une création monétaire hors contrôle.

Friedman s'est toujours battu pour l'abandon des politiques monétaires volontaristes même lorsque celles-ci semblaient aller dans le sens de ses recommandations. Partisan de règles strictes pour la création monétaire, il a même proposé d'inscrire dans la Constitution un taux de croissance fixe pour la masse monétaire, correspondant au taux de croissance moyen de la production sur le long terme. Bien entendu, les taux d'intérêt seraient fixés par l'inévitable loi de l'offre et de la demande.

En cas de croissance faible, l'offre de monnaie serait excédentaire, provoquant la baisse des taux d'intérêt et une reprise de la croissance. Si la croissance augmente de manière excessive, l'offre de monnaie sera trop faible et les taux d'intérêt augmenteront, provoquant une stabilisation de la croissance. Encore une manière de réaffirmer le vieux dogme : les politiques de pilotage de l'économie sont inutiles. Le marché peut tout réguler.

Théorie quantitative de la monnaie

L'essentiel en 5 secondes

» La théorie quantitative de la monnaie est un des piliers de la théorie libérale.

» Elle prône un contrôle strict de la masse monétaire pour éviter le fléau de l'inflation.

» Les responsables des banques centrales semblent suivre les consignes de Friedman. C'est ce que fait la BCE en fixant une progression de la masse monétaire à 2 % par an.

46
THÉORIE DE LA RÉGULATION

L'école de la régulation est une école française qui a eu son heure de gloire dans les années 1970, notamment après la publication de textes fondateurs comme *Régulation et crise du capitalisme : l'expérience des États-Unis* (1976) de **Michel Aglietta**. Ses principaux représentants sont, outre Aglietta, **Robert Boyer** et **Alain Lipietz**.

S'inspirant de Keynes, de Marx, de l'institutionnalisme, et partageant avec l'école historique des *Annales* (Fernand Braudel) le souci d'une approche interdisciplinaire, ces économistes développent une idée essentielle : le capitalisme a pu survivre à ses contradictions grâce à sa capacité de changer de mode de fonctionnement.

Un peu de technique

Ce mode de fonctionnement, cette manière d'être, c'est la régulation.

Elle serait donc l'ensemble des procédures et des mécanismes, automatiques ou volontaires, permettant la reproduction du système, c'est-à-dire son bon fonctionnement et sa pérennité. Une crise (majeure) n'est que le moment où une régulation, épuisée et désormais incapable d'assurer son rôle, laisse sa place à une autre régulation. Ce passage n'est ni rapide ni évident à saisir. La crise de 1929 ne s'est dénouée que dans les années 1950 et celle qui commence (officiellement) en 1973 ne se dénoue peut-être qu'aujourd'hui.

Le capitalisme aurait connu trois grandes phases, séparées par deux grandes crises :

- la régulation concurrentielle (qui s'achève avec la crise de 1929) ;
- la régulation monopoliste (qui s'achève avec la crise de 1973) ;
- la régulation monopoliste internationale.

Les formes institutionnelles

Chaque régulation s'opère autour de cinq formes institutionnelles qui regroupent les principales modalités de fonctionnement du système :

- le rapport salarial ;
- les formes de la concurrence ;
- les formes monétaires ;
- le rôle de l'État ;
- l'insertion dans l'économie mondiale.

La forme institutionnelle la plus importante est le rapport salarial. C'est lui qui définit la division sociale du travail, la fixation des salaires, le partage des richesses et le mode de consommation. Dans ce domaine, la crise de 1929 a provoqué le passage d'une économie fondée sur la faible division du travail, un important savoir-faire ouvrier, des contrats de travail individuels et une faible consommation, à une économie axée sur le fordisme (expression née au sein de l'école de la régulation), c'est-à-dire sur une forte division du travail, des contrats collectifs de travail (les conventions collectives), des salaires relativement élevés et une consommation de masse.

Les mutations des autres formes institutionnelles sont, en simplifiant :

- le passage d'une concurrence ouverte à des situations de monopole et oligopole ;
- celui d'une monnaie à contrainte métallique à une monnaie fondée sur le crédit ;
- le passage de l'État gendarme à l'État providence ;
- celui d'une économie relativement fermée à une économie internationalisée.

Pesanteur, innovation et résurgence

En ce qui concerne les mutations liées à la crise de 1973, plus difficiles à cerner parce que plus proches et parfois inachevées, Robert Boyer propose une méthode d'analyse qui ne manque pas de pertinence. Ces mutations sont brouillées par des décalages géographiques et chronologiques et des interférences entre trois phénomènes de pesanteur, d'innovation et de résurgence.

La pesanteur est donnée par l'inertie du mode de régulation antérieur. C'est l'ancien qui a du mal à disparaître. Ainsi le mode de production fordiste reste-t-il très développé malgré ses limites : en voie d'extinction au Nord, il fait encore les beaux jours des pays émergents. De nombreuses forces sociales défendent avec acharnement les « avantages acquis » du mode de régulation précédent. Notamment en France.

Les innovations sont les réelles nouveautés autour desquelles s'articule la nouvelle régulation : automatisation de la production, primauté des services et de l'information. Le glissement des anciennes méthodes de travail fordistes vers des activités de service (fast-foods) peut être considéré comme une innovation.

Le phénomène de résurgence est celui qui pose le plus de problèmes. Il s'agit ici du retour en force de modalités de fonctionnement qui appartiennent, non à régulation monopoliste d'hier en voie d'épuisement, mais bel et bien à la régulation concurrentielle d'avant-hier. Ce qui apparaît nouveau est simplement ce qu'on avait oublié. Ainsi le *sweating system*, ou « système de la sueur » (production basée sur un travail harassant), la précarité, l'individualisation du contrat de travail semblent nous remettre non à l'heure de nos pères, mais à celle de nos grands-pères. Le cas de l'État est de ce point de vue significatif : les mutations en cours vont-elles vers une nouvelle définition de l'État ou vers un simple retour à l'État gendarme ? Le développement du télétravail est-il une innovation ou le retour au *domestic system* de nos ancêtres ?

Théorie de la régulation

L'essentiel en 5 secondes

- » La théorie de la régulation considère que le capitalisme est un système dont la principale qualité est de transformer son mode de fonctionnement.
- » Le passage d'un mode de fonctionnement à un autre provoque une crise majeure.
- » Le capitalisme a toujours survécu à ses crises. Jusqu'à présent.

47
THÉORIE DU RUISSELLEMENT

La théorie du ruissellement (ou *trickle down theory*) peut se résumer ainsi : si les riches se portent bien, cela profite également aux plus pauvres : la richesse « ruisselle » le long de la pyramide sociale. Emmanuel Macron y a fait référence en utilisant l'image des « premiers de cordée ».

La richesse profite aussi aux pauvres...

N'oubliez pas

Cette idée, tellement chérie par les libéraux actuels, remonte à Adam Smith lui-même.

« Les riches [...] ne consomment guère plus que les pauvres et, en dépit de leur égoïsme et de leur rapacité naturelle, [...] ils partagent tout de même avec les pauvres les produits des améliorations qu'ils réalisent. Ils sont conduits par une main invisible à accomplir presque la même distribution des nécessités de la vie que celle qui aurait eu lieu si la Terre avait été divisée en portions égales entre tous ses habitants ; et ainsi, sans le vouloir, sans le savoir, ils servent les intérêts de la société et donnent des moyens à la multiplication de l'espèce. » (Adam Smith, *Théorie des sentiments moraux*.)

Remarquons que ce qui fait que la richesse profite aussi bien aux riches qu'aux pauvres, c'est la fameuse « main invisible », qui n'a rien à voir ici avec la grande régulatrice des marchés, comme on l'imagine trop souvent.

La théorie du ruissellement est justifiée généralement de la manière suivante : les riches ne peuvent pas consommer la totalité de leur revenu, ils ont donc une forte propension à épargner, or, cette épargne ne peut que financer l'investissement, et l'investissement, c'est ce qui crée des emplois, de la production et de la richesse.

Cela peut être vrai à trois conditions :

- que l'enrichissement des plus riches vienne alimenter l'investissement et n'aille pas se perdre sous les tropiques dans quelque paradis fiscal ;

- que l'épargne des riches ne se dirige pas vers des placements à faible impact productif comme les œuvres d'art ou l'immobilier ;
- que l'enrichissement des plus riches n'ait pas un impact négatif sur la croissance.

... Mais dans la réalité, ce n'est pas si simple

En 2015, une étude du FMI affirmait que plus les riches s'enrichissent, plus la croissance est faible.

« Notre analyse suggère que la répartition des revenus elle-même est également importante pour la croissance. Plus précisément, si la part des revenus des vingt pour cent supérieurs [les riches] augmente, alors la croissance du PIB diminue réellement à moyen terme. En revanche, une augmentation de la part des revenus des vingt pour cent les plus pauvres [les pauvres] est associée à une croissance plus élevée du PIB. Les pauvres et la classe moyenne comptent le plus pour la croissance par le biais d'un certain nombre de mécanismes économiques, sociaux et politiques interdépendants. »

N'oubliez pas

Cela rejoint les conclusions de **Thomas Piketty** dans *Le Capital au XIXe siècle* (2013). Il a tout simplement constaté que le taux de rendement du capital est supérieur au taux de croissance de l'économie et qu'il ne cesse d'augmenter au cours des dernières décennies.

Cela signifie que les détenteurs de capital s'enrichissent plus rapidement que le reste de la population et qu'il n'y a pas de ruissellement puisque les inégalités ne cessent de croître.

Dès lors, certains n'hésitent pas à invoquer une théorie du « *trickle up* » d'inspiration keynésienne : une stimulation de la croissance par le bas, par l'augmentation des bas revenus, voire la création d'un « revenu universel » comme le RSA ou du « revenu citoyen » du mouvement « 5 étoiles » en Italie.

Théorie du ruissellement

L'essentiel en 5 secondes

» La théorie du ruissellement prétend que la richesse des riches profite également aux plus pauvres.

» En réalité, le ruissellement pourrait produire des effets bénéfiques, mais à certaines conditions.

» Aujourd'hui, la richesse des riches ne semble pas profiter à la croissance ni à la réduction des inégalités.

48 THÉORIES DU SURINVESTISSEMENT

L'investissement a un impact déterminant sur l'activité économique. C'est le moteur de la croissance et de l'emploi. Dans l'économie keynésienne, le multiplicateur d'investissement est un mécanisme qui transforme tout investissement en une augmentation plus que proportionnelle de la production et de revenu.

Si son insuffisance (sous-investissement) provoque récession et chômage, un investissement exagéré (surinvestissement) peut avoir des conséquences néfastes. Plusieurs théories ont mis l'accent sur l'impact négatif du surinvestissement.

Marx et l'accumulation

L'investissement (« accumulation ») est central dans la théorie marxiste (« accumulez, accumulez, c'est la loi et les prophètes »). L'entreprise capitaliste est condamnée à investir toujours, et de plus en plus, pour économiser du travail et avoir des produits concurrentiels. La main-d'œuvre mise au chômage constitue « l'armée de réserve du capital » qui permet de maintenir les salaires bas. Mais cette folle course en avant va se transformer en piège mortel : produisant de plus en plus avec de moins en moins de main-d'œuvre, le capitalisme finit par être confronté à une inévitable crise de surproduction : coincé entre l'obligation d'investir et l'impossibilité de vendre, le système ne peut que connaître une crise fatale.

Aftalion et le poêle

Sans aboutir aux mêmes conclusions catastrophistes, **Albert Aftalion** (1874-1956) a une autre explication du surinvestissement qu'il illustre par l'histoire suivante : on est dans une maison froide, on veut la chauffer et on dispose d'un poêle à charbon et de charbon. On allume le poêle et, comme la chaleur tarde à venir, on ajoute encore du charbon.

Au bout d'un moment, le poêle atteint son rendement maximum et la chaleur devient suffocante. Comme on ne peut pas retirer le charbon mis à brûler, on arrête d'en ajouter et on ouvre les fenêtres. La clé de lecture de l'histoire est simple. Le charbon représente l'investissement, le froid la demande et la chaleur la production. En termes économiques, cela signifie que lorsque la demande augmente, il est quasiment impossible de déterminer le volume exact d'investissement à opérer pour la satisfaire. Il est facile de pécher par excès et de surinvestir. Lorsque l'on s'en rend compte, il est trop tard. On ne peut qu'arrêter. Mais la production ne trouve pas preneur, elle est gaspillée (les fenêtres qu'on ouvre), l'investissement effectué ne sert à rien. C'est là que les choses s'aggravent.

Un peu de technique

En économie, l'investissement zéro n'existe pas. Un outillage qui n'est pas renouvelé s'use et disparaît. Si une entreprise n'achète pas régulièrement de nouvelles perceuses, à terme elle n'aura plus de perceuses. Un investissement nul correspond donc à un investissement négatif. Dans ce cas-là, le multiplicateur d'investissement fonctionne mais à l'envers : la baisse de l'investissement va se répercuter sur la baisse amplifiée du revenu. Et comme l'accélérateur est toujours là, l'investissement va s'effondrer. Et ainsi de suite. La spirale de la crise est enclenchée.

Le rôle des taux d'intérêt

F. A. von Hayek analyse le rôle des taux d'intérêt dans ce genre de catastrophes. Selon lui, si, pour des raisons de politique monétaire (injection excessive de monnaie), les taux d'intérêt atteignent des niveaux anormalement bas, l'investissement va s'emballer et connaître une augmentation déraisonnable. En clair, on va investir dans n'importe quoi sans retenue (mal-investissement) jusqu'au moment où on se rend compte que l'épargne disponible a été totalement asséchée.

« C'est, dit Hayek, comme si les hommes avaient mis tout leur argent dans la construction d'une énorme machine et qu'ils soient obligés d'arrêter de la construire avant qu'elle n'ait jamais pu fonctionner ». Cette analyse s'applique assez bien à la période qui a précédé la crise des *subprimes.* À cause de taux anormalement bas, les investissements se sont emballés aussi bien dans l'immobilier que dans la spéculation, elle aussi financée à crédit. Après la crise de 2008, on a beaucoup parlé des villes, en Espagne ou ailleurs, qui n'ont jamais eu d'habitants, des aéroports où aucun avion n'a atterri. Ces villes fantômes sont « l'immense machine qui n'a jamais pu fonctionner ».

Théories du surinvestissement

L'essentiel en 5 secondes

- » L'investissement est le moteur de l'économie.
- » Si l'insuffisance d'investissement crée des problèmes, son excès peut provoquer la crise.
- » Le surinvestissement peut s'expliquer par le fonctionnement même du système : il peut être fatal (Marx), cyclique (Aftalion), ou provoqué par un mauvais pilotage des taux d'intérêt (von Hayek).

Voir aussi :

→ Théorie du multiplicateur

49

THÉORIE DE LA VALEUR

Qu'est-ce qui détermine la valeur des biens ? Voilà une question plus vieille que la « science économique » elle-même.

La terre, l'or et le travail

Les mercantilistes considéraient que l'or était la forme ultime de la richesse et que les États ne devaient avoir comme but que d'accumuler de l'or en vendant leurs productions et en en achetant le moins possible. Les physiocrates ont considéré que la seule source de la richesse était la terre. Les économistes classiques (Smith, Ricardo, Marx) ont opté pour la théorie de la valeur travail.

« Il paraît donc évident que le travail est la seule mesure universelle, aussi bien que la seule exacte, des valeurs, le seul étalon qui puisse nous servir à comparer les valeurs de différentes marchandises à toutes les époques et dans tous les lieux. » (Adam Smith)

La rareté

Jean-Baptiste Say considérait pour sa part que « si les hommes attachent de la valeur à une chose, c'est en raison de ses usages : ce qui n'est bon à rien, ils n'y mettent aucun prix. La production n'est point création de matière, mais une création d'utilité. Elle ne se mesure point suivant la longueur, le volume ou le poids du produit, mais suivant l'utilité qu'on lui a donnée ».

Avec la révolution marginaliste à la fin du XIXe siècle, le problème de la valeur est réglé de manière radicale : la valeur est une question d'utilité individuelle. Elle dépend des besoins et des goûts de chacun et de la quantité de biens dont chacun dispose. En définitive, la valeur d'une bien est fonction de sa rareté. Plus un bien est rare, plus il est cher.

Le problème de la valeur « absolue » est évacué ; le prix, qui n'indique que la valeur d'échange, est donné par le marché.

Un bien n'a de valeur qu'en fonction d'un contexte et de son utilité (un verre d'eau dans le désert). Il n'a pas de valeur « objective ». Ce qui revient à dire, finalement, que rien n'a de valeur, que tout a seulement un prix (Pareto).

La valeur : une question (toujours) ouverte

La réponse marginaliste au problème de la valeur laisse beaucoup de questions en suspens : les prix sont-ils rationnels ? Correspondent-ils réellement à l'offre et à la demande ? Dans l'économie actuelle, où garer sa voiture à Paris pour une journée peut coûter plus cher que d'aller à Athènes en avion, la question se pose.

Objet de débat

Paul Jorion a montré que le prix n'était pas le résultat de la confrontation de l'offre et de la demande, mais plutôt le résultat d'une convention sociale.

André Orléan va dans le même sens en considérant que la valeur est « le fruit d'un accord social, d'une convention, qui porte à la fois sur l'instrument de mesure et sur les conditions d'évaluation de cette valeur ». Il considère que la finance « travaille à la reconnaissance du capital comme source ultime de la valeur et du marché comme son évaluation pertinente ». (*L'Empire de la valeur*, 2011.)

Mariana Mazzucato se bat pour une nouvelle définition de la valeur. Elle insiste notamment sur le fait que l'État, qui joue un rôle essentiel dans l'innovation, est quasiment spolié de la richesse qu'il crée par les entreprises privées qui exploitent ses innovations (Internet, GPS, reconnaissance vocale, écran tactile et demain ordinateur quantique...).

Un dernier point mérite d'être souligné. Comment analyser la progression de la gratuité dans nos sociétés ? Qu'elle vienne de l'État, des associations caritatives ou d'individus et d'entreprises qui, sous couvert de gratuité, vendent de la publicité (YouTube), elle représente une rupture évidente entre l'utilité et le prix. Les disciples de Marcel Mauss (*Essai sur le don*, 1925) rêvent d'une économie fondée sur la gratuité et le partage (Wikipédia). Assistons-nous aux prémisses d'une société du don ou sommes-nous condamnés à une énième farce de l'économie du dindon ?

Théorie de la valeur

L'essentiel en 5 secondes

- » Pendant longtemps, on a cherché la source de la valeur : l'or, la terre ou le travail ?
- » Les économistes libéraux ont évacué la question en estimant que la valeur est une affaire personnelle, ce qui importe c'est le prix.
- » Confondre prix et valeur ne règle pas le problème. On cherche toujours.

Voir aussi :

→ Théorie marginaliste

→ Théorie marxiste

50

THÉORIE DE LA ZONE MONÉTAIRE OPTIMALE

Cette théorie a été énoncée dans les années 1960 par l'économiste canadien **Robert Mundell** (prix Nobel 1999). Il a particulièrement étudié le problème du modèle IS/LM en économie ouverte : il a mis au point ce que l'on appelle « les règles de Mundell » qui soulignent l'importance du régime des changes. En régime de changes fixes, la politique budgétaire est efficace, la politique monétaire non. Dans un régime de changes flexibles, c'est le contraire, la politique budgétaire est inefficace, la politique monétaire fonctionne.

Le triangle d'incompatibilité

Il en arrive à définir un « triangle d'incompatibilité » : un pays ne peut pas atteindre trois objectifs simultanément : régime de changes fixes, politique monétaire autonome, libre circulation des capitaux.

En revanche, si l'un de ces objectifs est abandonné, les deux autres deviennent réalisables.

La théorie des zones monétaires optimales pose la question de l'utilité pour plusieurs pays d'adopter une monnaie unique (*A Theory of Optimum Currency Areas*, 1961). Mundell considère qu'une monnaie unique est avantageuse et viable, si les critères suivants sont respectés :

- La flexibilité des prix et des salaires : ceux-ci permettent d'éviter une hausse prolongée du chômage ou de l'inflation.
- La mobilité du travail et du capital : en cas de chômage ou d'inflation, si le capital et le travail se déplacent des secteurs en difficulté vers les secteurs dynamiques, l'équilibre peut être préservé.
- Le degré d'ouverture économique : plus une économie est ouverte, plus elle sera sensible aux variations monétaires et moins sa monnaie sera stable. Les économies ouvertes ont davantage intérêt à participer à une union monétaire.

- **La diversification de la production et de la consommation :** la diversification de l'économie réduit les risques d'être affecté par un choc spécifique et l'impact de ces chocs.
- **La similarité des caractéristiques structurelles des économies :** la nature des biens et services produits, les formes de l'État providence, la productivité.
- **La similarité des taux d'inflation :** des taux d'inflation similaires favorisent des balances commerciales stables et équilibrées entre les différentes régions qui composent l'union monétaire.
- **L'intégration budgétaire :** une zone monétaire optimale (ZMO) requiert des mécanismes de transferts budgétaires pour compenser les déséquilibres.
- **L'intégration politique :** la création d'une ZMO (zone monétaire optimale) nécessite une forte volonté politique et les instruments et institutions nécessaires pour assurer l'intégration monétaire.

Zone monétaire optimale

La zone monétaire européenne a utilisé le modèle de ZMO pour sa création. Lors de la crise de l'euro, de nombreux économistes ont considéré qu'elle venait du fait que l'Union européenne ne remplissait pas les critères requis d'une ZMO, notamment la faible mobilité des travailleurs, l'absence d'un système fiscal uniformisé, et d'une véritable union budgétaire.

L'essentiel en 5 secondes

- La création d'une zone monétaire ou d'une monnaie unique a des coûts et des avantages.
- Le principal coût est l'abandon de la souveraineté monétaire.
- Les principaux avantages sont la fluidification des échanges, l'essor du commerce et la fin de la contrainte externe.
- Cette théorie est à la base de la création de l'euro. Les problèmes de la monnaie européenne viendraient de l'intégration insuffisante et de l'insuffisante mobilité des travailleurs.